KÖNIGS ERLÄUTERUNGEN

Band 308

Textanalyse und Interpretation zu

Heinrich Böll

DIE VERLORENE EHRE DER KATHARINA BLUM

Annette Gruhn-Hülsmann

Alle erforderlichen Infos für Abitur, Matura, Klausur und Referat plus Musteraufgaben mit Lösungsansätzen

Bange Verlag

Zitierte Ausgabe:
Böll, Heinrich: *Die verlorene Ehre der Katharina Blum oder: Wie Gewalt entstehen und wohin sie führen kann. Erzählung. Mit einem Nachwort des Autors: Zehn Jahre später.* München: dtv, [47]2010 (dtv 1150).

Über die Autorin dieser Erläuterung:
Annette Gruhn-Hülsmann, geboren 1966 in Berlin. Studium der Mathematik und der Deutschen Philologie an der freien Universität Berlin. Dozentin in der Lehrerfort- und -weiterbildung Informatik. Seit 1995 Studienrätin an Gesamtschulen, zunächst in Neuss, dann in Kamp-Lintfort. Studiendirektorin an einem Gymnasium in Berlin-Lankwitz. Autorin von Unterrichtshilfen.

2. Auflage 2014
ISBN 978-3-8044-1925-4
PDF: 978-3-8044-5925-0, EPUB: 978-3-8044-6925-9

Titelbild: Angela Winkler und Mario Adorf in der Verfilmung „Die verlorene Ehre der Katharina Blum", BRD 1975 © Cinetext
Druck und Weiterverarbeitung: Tiskárna Akcent, Vimperk

1. DAS WICHTIGSTE AUF EINEN BLICK – SCHNELLÜBERSICHT

Damit sich jeder Leser in unserem Band rasch zurechtfindet und das für ihn Interessante gleich entdeckt, hier eine Übersicht.

Das 2. Kapitel befasst sich mit **Bölls Leben**, informiert über den **zeitgeschichtlichen Hintergrund** und stellt **weitere wesentliche Werke Bölls** vor:

⇨ S. 9–11
→ Heinrich Böll lebte von **1917 bis 1985**, überwiegend in **Köln**.

⇨ S. 12–15
→ Die **Bundesrepublik** wurde **Ende der 60er / Anfang der 70er** Jahre von innenpolitischen Unruhen erschüttert:
Der **Terrorismus** der **RAF** entwickelte sich. Die Ziele der RAF fanden z. T. Sympathie bei der Bevölkerung.

⇨ S. 16–18
→ ***Die verlorene Ehre der Katharina Blum*** entstand und erschien **1974**.
Es gibt vielfältige Bezüge zu dem vorangegangenen Roman *Gruppenbild mit Dame* und dem folgenden *Fürsorgliche Belagerung*.

Das 3. Kapitel bietet eine Textanalyse und -interpretation:

Die verlorene Ehre der Katharina Blum – Entstehung und Quellen:

⇨ S. 19–22
Böll engagierte sich politisch in der Diskussion um das Verhältnis der Medien zum Terrorismus. Er wurde auch durch konkrete Vorfälle zum Verfassen der Erzählung angeregt.

Inhalt:

Die Erzählung ist stark gegliedert und umfasst **58 Kurzkapitel**.

Katharina Blum lernt im Kölner Karneval einen jungen Mann kennen und **verliebt** sich in ihn: **Ludwig Götten, polizeilich gesucht**, verlässt ihre Wohnung am nächsten Morgen, bevor Kommissar Beizmenne und dessen Mannschaft Katharinas Wohnung stürmen. Katharina wird **verhaftet**. Das Geschehen und die weiteren Ermittlungen der Polizei werden **von** der ***ZEITUNG***, insbesondere vom **Reporter Tötges**, begleitet und in ihren Ausgaben **sensationslüstern** dargestellt. Dadurch wird nicht nur **Katharinas Ruf geschädigt**, sondern auch der **ihrer Familie** und ihrer **Arbeitgeber**. Nachdem man ihr nichts nachweisen kann und sie daraufhin aus der Untersuchungshaft entlassen wird, **erschießt** sie **Tötges** und **stellt sich** anschließend **der Polizei**. ⇨ S. 23–36

Chronologie und Schauplätze:

Die Erzählung beginnt am Mittwoch, dem 20. Februar (vor Altweiberfasching) 1974, schildert die darauf folgenden Tage und gibt abschließend einen Ausblick in das weitere Leben der Protagonisten. Sie spielt in Köln und Umgebung. ⇨ S. 37–47

Die Hauptpersonen:

Katharina Blum: ⇨ S. 50–57

→ 27 Jahre alt
→ stolz, zurückhaltend gegenüber Männern
→ sorgfältig, fleißig, kalkulierend, planerisch

⇨ S. 57–59

ihre Arbeitgeber, das Ehepaar Blorna:

→ unterstützend, loyal, emotional beteiligt
→ Rechtsanwalt Blorna verteidigt Katharina vor Gericht

⇨ S. 60 f.

Else Woltersheim:

→ Katharinas Patentante und Vertraute
→ intellektuelle Überforderung bei Verteidigung Katharinas
→ Verbitterung am Ende

⇨ S. 56 f.

Reporter Tötges / die *ZEITUNG*:

→ nehmen das Geschehen nur aus ihrer Sicht wahr
→ gerissen, skrupellos in der Berichterstattung

Der Stil und die Sprache Bölls:

→ vermeintlich neutraler Erzähler
→ in der *ZEITUNG*: subjektive Sprache im Stil der Boulevardpresse
→ „sprechende" Namen

Vier Interpretationsansätze bieten sich an:

Bölls Intentionen sind

→ die Wirkungsmechanismen der Boulevardpresse transparent zu machen
→ ein Chronist seiner Zeit zu sein
→ über Formen von Macht(-missbrauch) aufzuklären
→ das Verhältnis von Gewalt und Sprache zu untersuchen

Heinrich Böll
1917–1985
© ullstein bild – Otfried Schmidt

2. HEINRICH BÖLL: LEBEN UND WERK

2.1 Biografie

JAHR	ORT	EREIGNIS	ALTER
1917	Köln	Am 21.12. als dritter Sohn des Schreinermeisters Viktor Böll und seiner zweiten Frau Maria, geb. Hermanns, geboren	
1924–1928	Köln	Besuch der katholischen Volksschule	6–10
1928–1937	Köln	Besuch des humanistischen Kaiser-Wilhelm-Gymnasiums	10–19
1937	Bonn	Beginn einer Buchhändlerlehre bei der Firma Matthias Lempertz	19
1938	Köln	Abbruch der Lehre, Reichsarbeitsdienst, erste schriftstellerische Versuche	20
1939	Köln	Immatrikulation an der Universität als Student der Germanistik und der Alten Philologie	21
1939–1945	Polen, Frankreich, Sowjetunion	Kriegsdienst als Infanterist	21–27
1945	Köln	Kurz in amerikanischer und englischer Kriegsgefangenschaft	27
1947	Köln	Erste Veröffentlichungen in Zeitschriften und Zeitungen	29
1949	Köln	*Der Zug war pünktlich*	31
1950	Köln	*Wanderer, kommst du nach Spa ...*	32
1951	Köln	*Wo warst du, Adam?* Preis der Gruppe 47 für die Erzählung *Die schwarzen Schafe*	33
1952	Köln	*Nicht nur zur Weihnachtszeit*	34

JAHR	ORT	EREIGNIS	ALTER
1953	Köln	*Und sagte kein einziges Wort*	35
1954	Irland	Erster längerer Aufenthalt *Haus ohne Hüter*	36
1955	Köln	*Zum Tee bei Dr. Borsig*	37
1957	Köln	*Irisches Tagebuch*	39
1958	Köln	*Dr. Murkes gesammeltes Schweigen und andere Satiren*	40
1959	Köln	*Billard um halb zehn*	41
1963	Köln	*Ansichten eines Clowns*	45
1964	Frankfurt a. M.	Gastdozentur für Poetik an der Johann-Wolfgang-Goethe-Universität	46
1967	Darmstadt	Georg-Büchner-Preis	49
1968	Prag	Aufenthalt in der ČSSR während des sowjetischen Truppeneinmarschs Unterstützung der APO	50
1970–1972	Darmstadt	Präsident des deutschen PEN-Zentrums	52–54
1971–1974	London	Präsident des internationalen PEN-Zentrums	53–56
1971	Köln	*Gruppenbild mit Dame*	53
1972	Stockholm, Deutschland	Nobelpreis für Literatur Diskussion um den *Spiegel*artikel *Will Ulrike Meinhof Gnade oder freies Geleit?*	54
1973		Ehrendoktor der Universitäten Dublin, Birmingham und Uxbridge	55
1974	Köln	Carl-von-Ossietzky-Medaille der Internationalen Liga für Menschenrechte, ***Die verlorene Ehre der Katharina Blum***	56
1976	Köln	Austritt aus der katholischen Kirche	58

JAHR	ORT	EREIGNIS	ALTER
1977	Köln	*Einmischung erwünscht. Schriften zur Zeit* (Sammlung publizistischer Arbeiten) Erscheinen der ersten fünf Bände einer Werkausgabe	59
1979	Köln	Ablehnung des Bundesverdienstkreuzes *Fürsorgliche Belagerung*	61
ab 1980		Engagement in der Friedensbewegung	62
1982	Köln	Umzug nach Bornheim-Merzen Ehrenbürger der Stadt Köln	64
1984	Köln	Die Stadt Köln erwirbt das bereits als Dauerleihgabe der Kölner Zentralbibliothek überlassene Archiv des Autors	66
1985	Langenbroich, Köln	Am 16. 7. plötzlicher Tod nach Gefäßerkrankung *Frauen vor Flusslandschaft* (posthum)	67

2.2 Zeitgeschichtlicher Hintergrund

ZUSAMMENFASSUNG

Wichtig Anfang der 70er Jahre:

→ Aus der Außerparlamentarischen Opposition (APO) entwickelt sich während der sozialliberalen Regierung die Rote Armee Fraktion (RAF) als terroristische Bewegung in der Bundesrepublik Deutschland.

→ Die Strafverfolgung durch die Behörden missachtet zum Teil Bürgerrechte.

→ Die Berichterstattung zu diesem Prozess ist in einigen Medien sehr tendenziös, insbesondere von Zeitungen des Springer-Konzerns wie der *BILD*-Zeitung.

Innenpolitische Konflikte

Die Situation der Bundesrepublik Deutschland Anfang der siebziger Jahre ist von innenpolitischen Konflikten bestimmt, in die weite Teile der Gesellschaft verwickelt sind.

1967: Umstrittene Große Koalition unter Kiesinger (CDU) und SPD

Nachdem die CDU achtzehn Jahre lang die Regierungen der Bundesrepublik Deutschland gestellt hat, führten wirtschaftliche Rückschläge 1967 zu Veränderungen im Parteiengefüge. Die Bevölkerung forderte Maßnahmen, um die Wirtschaft wieder in Schwung zu bringen. Daraufhin bildete sich die Große Koalition zwischen CDU und SPD unter Kurt Georg Kiesinger (CDU), die ca. 90 Prozent der Wählerstimmen auf sich vereinigte. Die FDP – damals waren lediglich drei Parteien im Parlament vertreten – bildete die parlamentarische Opposition. Die neue Regierung war zunächst umstritten: Bundeskanzler Kiesinger wurde seine frühere Parteimitgliedschaft in der NSDAP vorgeworfen, der SPD wiederum, dass sie sich auf ein derartiges politisches Bündnis einließ. Im Allgemeinen wurde kritisiert, dass die parlamentarische Opposition aufgrund ihrer quantitativen Unterlegenheit praktisch machtlos war. Darüber hinaus versuchten die rechtsradikalen Parteien, allen voran die NPD, die Unzufriedenen zu mobilisieren. Sie schaffte es, bis 1969 in sieben Landtage einzuziehen. Es war den rechtsradikalen Parteien jedoch nicht möglich, eine Alternative auf Dauer darzustellen.

Opposition machtlos

Die Große Koalition arbeitete äußerst erfolgreich. In einer konzertierten Aktion schlossen sich Tarifparteien und Regierung zusammen und verabschiedeten das Gesetz zur Förderung von Stabilität und Wachstum, mit dem sie erfolgreich die Wirtschaft ankurbeln konnten. Dennoch nahmen die politischen Unruhen ab 1967 zu: Aufgrund des seit Jahren vernachlässigten Bildungssystems murrten zunächst die Studenten. In Berlin mit Demonstrationen beginnend, verlangten sie höhere Bildungsausgaben, die Demokratisierung der Hochschulen und Reformen des Schulsystems. Darüber hinaus richteten sich die Proteste auch gegen übergeordnete politische Ziele, etwa gegen den Kriegseinsatz der USA in Vietnam.

Gesetz zur Förderung von Stabilität und Wachstum

ab 1967 Studentenunruhen: für Bildungsreform, gegen Vietnamkrieg

Nach dem Tod von Benno Ohnesorg im April 1967 – er wurde von einem Polizeibeamten bei einer Demonstration gegen den Besuch des Schahs in Berlin erschossen – griffen die Unruhen auf das Bundesgebiet über. Aufgrund der polemischen und parteiischen Berichterstattung in der Springer-Presse, insbesondere der *BILD*, richteten sich die studentischen Proteste im Folgenden auch gegen das Verlagshaus Axel Springer. (Zum damaligen Zeitpunkt gab der Verlag u. a. *BILD*, *BILD am Sonntag*, *Berliner Morgenpost*, *Hamburger Morgenpost*, *BZ*, *Welt*, *Welt am Sonntag* heraus.) Nach dem Attentat auf Rudi Dutschke, einem der Wortführer der Studenten, im April 1968 durch einen geistig verwirrten Einzeltäter, der durch die *BILD*-Zeitung zur Tat angeregt worden war, eskalierten die Proteste in einer Welle von Straßenkämpfen, Demonstrationen

Polemische Berichterstattung in Springer-Presse

und in Blockaden vor den Gebäuden der Springerpresse. Dabei wurden die Demonstranten durch linksliberale Kritiker unterstützt.

APO für Liberalisierung der Gesellschaft

Die studentische Protestbewegung bildete in dieser Zeit zusammen mit anderen Gruppen die so genannte Außerparlamentarische Opposition, abgekürzt APO genannt. Diese Protestbewegung diskutierte in fantasievollen Formen wie Sit-ins, Go-ins, Teach-ins jene gesellschaftspolitischen Liberalisierungen, die in anderen Bereichen in den 60er Jahren bereits Wirkung zeigten, man denke nur an Musik, Mode (der Minirock!), Film und Literatur aus dieser Zeit.

Als sich 1969 Zeichen für das Ende der Großen Koalition mehrten, war auch die APO am Ende. Mit der Bildung der sozialliberalen Regierungskoalition unter Willy Brandt wurden die aufgeworfenen innenpolitischen Probleme bearbeitet und für die Protestgenerationen blieb „der Marsch durch die Institutionen“ (Rudi Dutschke).

RAF sieht Gewalt als legitimes politisches Mittel

Die Entstehung subkultureller Milieus Ende der 60er Jahre förderte jedoch auch die Bildung terroristischer Gruppen wie der Roten Armee Fraktion, abgekürzt RAF. Diese bejahten den Einsatz von Gewalt zur Durchsetzung politischer Ziele, zunächst gegen Dinge, später auch gegen Menschen.

Bombenanschlag in Frankfurt 1968 gegen Vietnamkrieg

So verübten Andreas Baader und Gudrun Ensslin im April 1968 in Frankfurt am Main einen Bombenanschlag auf ein Kaufhaus, um auf den Krieg in Vietnam aufmerksam zu machen. Verletzt wurde niemand, es entstand jedoch erheblicher Sachschaden. Sie wurden zu drei Jahren Freiheitsstrafe verurteilt. Nach der Ablehnung der Revision 1969 kehrten die beiden nicht mehr in die Haft zurück, sondern tauchten unter. Im April 1970 wurde Andreas Baader bei

RAF-Anschläge gegen Justiz, US-Armee-Einrichtungen, Springer-Verlag

einer Verkehrskontrolle festgenommen. Im darauf folgenden Mai wurde er unter anderem von Ulrike Meinhof bei einem Bibliotheksbesuch aus der Haft befreit. In den folgenden Jahren kam es zu Brand- und Sprengstoffanschlägen gegen Vertreter der Justiz, gegen Einrichtungen der US-Armee und gegen den Springer-Verlag. Außerdem verübten die Terroristen mehrere Banküberfälle, um ihre Anschläge zu finanzieren.

Diese Entwicklung ging einher mit einer Verstärkung der staatlichen Sicherheitskräfte und der publizistischen Hetze in weiten Teilen der Presse. Die Regierung – darin einig mit der Opposition und weiten Teilen der Bevölkerung – verstärkte den Bundesgrenzschutz und vor allem das Bundeskriminalamt (BKA) in Wiesbaden, die deutsche Zentrale der Terrorismusbekämpfung.

Im Juni 1972 wurden Baader, Ensslin und Meinhof verhaftet – die so genannten Köpfe der ersten Generation der RAF. Aus der Haft heraus versuchten sie ihre Revolution fortzusetzen. Eine sachliche Diskussion über den linksradikalen Terrorismus in Deutschland war aufgrund des aufgeheizten Klimas in Deutschland nicht möglich. Viele Bürger, die Staatskräfte und erst recht die Springerpresse reagierten hysterisch, wer versuchte neutral einzulenken, wurde schnell als Sympathisant abgestempelt.

Juni 1972: Verhaftung u.a. von Baader, Ensslin, Meinhof

Linke und Intellektuelle als RAF-Sympathisanten verunglimpft

2.3 Angaben und Erläuterungen zu wesentlichen Werken

- **1939–1945** Kriegsdienst
- **1947** Erste Veröffentlichungen
- **1959** *Billard um halb 10*
- **1963** *Ansichten eines Clowns*
- **1971** *Gruppenbild mit Dame*
- **1972** Nobelpreis
- **1974** *Die verlorene Ehre der Katharina Blum*
- **1979** *Fürsorgliche Belagerung*
- **1995** Tod

- Bölls zunehmende kritische Auseinandersetzung mit der Gegenwart
- Abgrenzung vom bundesrepublikanischen Staat
- Engagement für Menschenrechte
- Internationale Anerkennung des Schriftstellers und Humanisten Böll

→ **Der politische Böll in den 70er Jahren:**

- **1971** *Gruppenbild mit Dame*
- **1974** *Die verlorene Ehre der Katharina Blum*
- **1977** *Einmischung erwünscht. Schriften zur Zeit.* (Sammlung publizistischer Arbeiten)
- **1979** *Fürsorgliche Belagerung*

Böll, der als junger Autor mit dem Schreiben von Kurzgeschichten begann, war diesen auch formal noch im späteren Werk verbunden. In den Kurzgeschichten schildert er ausschnittartig, aus einer scheinbaren Distanz Beobachtetes, vermeintlich Alltägliches in ungeschmückten Worten. Die Konzentration des erzählten Geschehens auf einen knappen Zeitraum lässt sich in vielen weiteren Werken finden, so auch in der Erzählung *Die verlorene Ehre der Katharina Blum*.

Bölls Stil an Kurzgeschichten geschult

Wie Böll in seinen Frankfurter Poetik-Vorlesungen sagte, verstand er sich als „Chronist seiner Zeit“. Er wollte nicht die bestehenden Gesellschaftsstrukturen analysieren, sondern das Leben der kleinen Leute abbilden. Dieses erzählt er in scheinbar müheloser, nüchterner Sprache. Lokal siedelte er seine Themen stets im Rheinland an. In dieser Tradition steht auch die Erzählung *Die verlorene Ehre der Katharina Blum*.

Böll als Chronist seiner Zeit

Sie entstand 1974, rund drei Jahre nach dem Erscheinen des Romans *Gruppenbild mit Dame* und rund fünf Jahre vor Veröffentlichung des Romans *Fürsorgliche Belagerung*. Es gibt vielfältige Bezüge zu beiden Werken:

Der 1971 erschienene Roman *Gruppenbild mit Dame*, für den Böll 1972 mit dem Nobelpreis ausgezeichnet wurde, grenzt sich von der knappen, zeitlich gerafften Gestaltung des Geschehens ab. Es handelt sich um eine ausführliche Darstellung der Zeit von 1920 bis etwa 1970, unter besonderer Berücksichtigung des Zweiten Weltkriegs und der Nachkriegszeit. Böll schildert darin das Leben von Leni Pfeiffer, der im Titel erwähnten Dame, sowie das ihrer Familie, ihrer Freunde und ihrer Feinde, das beeinflusst wird durch die Entwicklungen der deutschen Geschichte. Leni verkörpert die wahre christliche Existenz, sie ist eine Christin außerhalb der Kirche im tiefsten humanen Sinne. Die Geschichte der als personalisierte Hoffnung dargestellten Heldin wird von einem

Parallelen zu *Gruppenbild mit Dame* (1971)

„Verf.“ genannten Erzähler dargeboten. Der „Verf.“ gibt dabei vor, dokumentarisch zu verfahren, indem er scheinbar neutral unter anderem interviewt, berichtet, zitiert. Am Ende des Romans tritt er selbst in Erscheinung. Böll thematisiert also auch hier schon die komplexe Beziehung von Fiktion und Realität. Hinsichtlich der formalen Gestaltung sowie der positiv gezeichneten weiblichen Heldin gibt es Parallelen zu *Die verlorene Ehre der Katharina Blum*.

Parallelen zu *Fürsorgliche Belagerung* (1979)

Der 1979 erschienene Roman *Fürsorgliche Belagerung* greift dagegen die Inhalte der hier untersuchten Erzählung auf. Er berichtet von der Familie Tolm, ausgehend vom Großvater und Zeitungsverleger Fritz Tolm. Dessen Kinder, Schwiegerkinder und Enkel stehen teilweise in scharfer Opposition zu seinem wirtschaftlichen Erfolg und der damit verbundenen Macht. Böll spiegelt damit innerhalb einer Familie die bundesrepublikanische Gesellschaft der 70er Jahre vom Großindustriellen bis zum Terroristen wider. Daher wird Tolm – gemeinsam mit den zu ihm haltenden Familienmitgliedern – zum Schutz bewacht. Böll stellt dar, wie die Bewachung in eine Überwachung übergeht, wie aufgrund der „fürsorglichen Belagerung“ schließlich das Privatleben der Familie zerstört wird. Zum einen lässt die äußerlich hervorstechende Auseinandersetzung mit dem Terrorismus an *Die verlorene Ehre der Katharina Blum* denken. Zum anderen ist es die Mixtur aus Publicity und Intimsphäre, aus Sentimentalem und Utopie, die an Katharina Blum, Ludwig Götten und Hubert Blorna erinnert.

3. TEXTANALYSE UND -INTERPRETATION

3.1 Entstehung und Quellen

ZUSAMMEN-FASSUNG

1972	Januar:	Böll verfasst den Artikel *Will Ulrike Meinhof Gnade oder freies Geleit?* im *Spiegel*.
	Juni:	Bölls Haus in der Eifel wird von der Polizei durchsucht.
1974	Februar:	Sohn Raimund steht im Verdacht der linksterroristischen Komplizenschaft.
ab	Februar:	Der Text entsteht in wenigen Wochen.
ab	Juli:	Der Text erscheint in vier Folgen im *Spiegel*.
ab	August:	Buchausgabe.

Ende der 60er: Böll engagiert sich verstärkt politisch

Bölls politische Haltung gegenüber Regierung und Gesellschaft wurde Ende der 60er Jahre zunehmend kritischer. Die Große Koalition zwischen CDU und SPD unter Kurt Georg Kiesinger wurde von ihm scharf kritisiert. Bei den 1967 ausbrechenden Studentenunruhen stellte sich Böll auf die Seite der Studenten. Er schloss sich einem Boykott von 105 Mitgliedern der Schriftstellervereinigung Gruppe 47 gegen die Springer-Presse an. Nach der Eskalation der Studentenproteste im April 1968 rief Böll zusammen mit dreizehn anderen namhaften Autoren dazu auf, die gewaltlosen Forderungen der Studenten zu beachten und die Rolle der Springer-Presse öffentlich zu diskutieren. Auch in der Folgezeit nahm Bölls politisches Engagement zu: Er protestierte gegen die Notstandsgesetze, unterstützte die SPD 1969 und 1972 im Bundestagswahlkampf, reiste in die Sowjetunion und in die Tschechoslowakei, war aktiv für das deutsche PEN-Zentrum (dessen Präsident er von 1970 bis

Gruppe 47: Boykott der Springer-Presse

Böll unterstützt SPD-Wahlkampf

1972 war) und für den Deutschen Schriftstellerverband. Dabei wurde er von der deutschen Presse, insbesondere der Springer-Presse, heftig angegriffen. Auch die Verleihung des Nobelpreises für Literatur 1972 an Böll minderte dies kaum, stärkte aber sein nationales und internationales Renommee.

1972: Böll erhält Literaturnobelpreis

Die Auseinandersetzung flammte neu auf, nachdem *BILD* am 23. 12. 1971 zu einem Bankraub in Kaiserslautern die Überschrift „*Baader-Meinhof-Bande mordet weiter*" brachte, obwohl die Beteiligung der RAF nicht erwiesen war. Böll veröffentlichte daraufhin am 10. 1. 1972 im *Spiegel* den Artikel *Will Ulrike Meinhof Gnade oder freies Geleit?* Darin beschuldigte er das Boulevardblatt der „Aufforderung zur Lynchjustiz" (ebd., S. 55), des „nackten Faschismus" (ebd.), der „Verhetzung" (ebd.), der „Lüge" (ebd.) und des „Drecks" (ebd.). Er folgerte: „Die Bezeichnung Rechtsstaat wird fragwürdig, wenn man die gesamte Öffentlichkeit mit ihren zumindest unkontrollierbaren Instinkten in die Exekutive einbezieht" (ebd.). Eigentlich beabsichtigte er, die Situation zu entschärfen, um eine rechtsstaatliche Diskussion herbeizuführen. Böll wurde jedoch missverstanden, drückte sich teilweise vielleicht auch missverständlich aus.

Bölls *Spiegel*-Artikel gegen *BILD*-Zeitung

Die Springerpresse, aber auch andere Organe der Medien schlugen zurück. In mehreren Artikeln in *BILD*, *Welt* und *Welt am Sonntag* forderte man, z. T. unterstützt von prominenten CDU-Politikern, Bölls Rücktritt als Präsident des internationalen PEN-Zentrums. Er wurde der Unterstützung des linksradikalen Terrorismus verdächtigt. Am 1. Juni 1972, dem Tag der Verhaftung Andreas Baaders und anderer führender Terroristen in Frankfurt a. M., suchte die Polizei im Rahmen der laufenden Großfahndung Bölls Landhaus in der Eifel auf und überprüfte die Personalien seiner Hausgäste.

Böll wird der Terrorismus-Unterstützung verdächtigt

Auf dem SPD-Parteitag am 12. 10. 1972 in Dortmund redete Böll schließlich „gegen die massive publizistische Gewalt einiger

Pressekonzerne, die in erbarmungsloser Stimmungsmache die Arbeit erschwert und Verleumdung nicht gescheut“ (Böll, *Essayistische Schriften*, S. 605) haben. Böll formulierte seine Medienkritik als Anklage gegen das Interessengeflecht von Presse, Wirtschaft und Politik.

Suspendierung des Prof. Brückner aufgrund vermuteter RAF-Nähe

Ein weiterer, von Böll selbst erwähnter Schreibanlass ist das Geschehen um den Hannoveraner Psychologieprofessor Peter Brückner. Dieser wurde im Januar 1972 zeitweilig vom Dienst suspendiert, da er im Verdacht stand, Angehörige der Baader-Meinhof-Gruppe in seinem Haus übernachten zu lassen. Wie Böll wurde auch er in den Medien heftig angegriffen. Er schildert: „Je nachdem, wann und in welchen Zeitungen Berichte über mich erschienen, setzte bei Tag und Nacht eine Flut von anonymen Telefonanrufen ein. Es gab viele Drohbriefe. Auf der Straße wandten sich viele von mir ab. Ich sah mich plötzlich betroffen, belastet, diffamiert und fragte mich: Bin ich's oder bin ich's nicht?“ (Höring, S. 7)

Bölls Sohn unter Sympathisanten-Verdacht

Im Februar 1974 war Böll noch einmal konkret von der Terrorismusfahndung betroffen. Sein Sohn Raimund, dessen gestohlener Wehrpass in einer konspirativen Wohnung gefunden wird, geriet in den Verdacht der linksterroristischen Komplizenschaft. Dabei traf es Böll besonders, dass das Springer-Blatt *B.Z.* schon Stunden vor der tatsächlichen Hausdurchsuchung das Geschehen meldete. Dies ließ auf eine Verbindung der Springer-Presse mit der Polizei schließen. Das war vermutlich der direkte Anstoß zum Verfassen der Erzählung *Die verlorene Ehre der Katharina Blum*. Der Text ist wahrscheinlich innerhalb weniger Wochen ab Mitte Februar 1974 entstanden. Böll veröffentlichte die Erzählung schließlich Ende Juli 1974 in vier Folgen im *Spiegel*, der damit zum ersten Mal einen belletristischen Text druckte. Die sich anschließende Buchausgabe wurde ein Bestseller (vgl. Kapitel 4.1)

Text entstand in wenigen Wochen ab Mitte Februar 1974

Die Thematik der Erzählung ist durch den *Spiegel*-Artikel *Will Ulrike Meinhof Gnade oder freies Geleit?* und seine Auswirkungen, durch das Geschehen um Professor Brückner und durch die persönlich spürbaren Folgen der Terrorismusbekämpfung für Bölls Familie entstanden. Dennoch sollte man nicht außer Betracht lassen, dass *Die verlorene Ehre der Katharina Blum* natürlich nicht nur von äußeren tatsächlichen Geschehnissen angeregt wurde, sondern eine Fortschreibung Bölls innerhalb seines Gesamtwerks darstellt.

3.2 Inhaltsangabe

ZUSAMMENFASSUNG

Die Erzählung spielt in Köln im Jahr 1974. Die Titelheldin Katharina Blum, eine junge Frau, lernt im Karneval Ludwig Götten kennen, von dem sie zunächst nicht weiß, dass er polizeilich gesucht wird. Aufgrund dieser Bekanntschaft wird auch sie aufs Schärfste verfolgt, festgenommen und befragt, alles unter Beobachtung und Berichterstattung der *ZEITUNG*. Deren mediale Darstellung zerstört Katharina Blums Privatsphäre. Schließlich erschießt sie den zuständigen Reporter der *ZEITUNG*. Die Erzählung gliedert sich in 58 Kapitel, denen hier gefolgt wird.

1. Kapitel

Der Erzähler, der sich als Berichterstatter ausgibt („Für den folgenden Bericht ...", S. 7), benennt die Hauptquellen seines Berichtes. Die Nebenquellen ergeben sich aus dem Bericht selbst.

Bericht hat drei Haupt- und mehrere Nebenquellen

2. Kapitel

Der Bericht wird vom Erzähler mit einer Zusammenführung verschiedener Quellen und mit einer Dränage bzw. Trockenlegung verglichen.

Vergleich mit Quellenzusammenführung und Dränage

3. Kapitel

Das Geschehen wird vom Erzähler grob skizziert. Er schildert, dass am Abend des 20. Februar 1974, dem Mittwoch vor Weiberfastnacht, eine junge Frau ihre Wohnung verlässt, um an einem privaten Tanzvergnügen teilzunehmen. Am Sonntag darauf sucht sie Kriminaloberkommissar Moeding auf, um sich selbst des Mor-

Übersicht über Ereignisse vom 20. bis 24. Februar 1974

des am Journalisten Tötges zu bezichtigen. Moeding nimmt sie in Haft, leitet weitere Schritte ein und überprüft ihre Angaben, die sich als wahr herausstellen.

4. Kapitel

Katharina von weiterem Mordverdacht entlastet

Katharina wird beschuldigt, den am Fastnachtsdienstag erschossenen Pressefotografen Schönner getötet zu haben. Indizien entlasten sie schließlich.

5. Kapitel

Bemerkung eines Karnevalsfunktionärs

Ein Vertreter der am Karneval verdienenden Industrie freut sich, dass das Geschehen erst am Rosenmontag bzw. Aschermittwoch bekannt gegeben wurde und so den finanziellen Umsatz im Karneval nicht schmälern konnte.

6. Kapitel

Die *ZEITUNG* über die Journalistenmorde

Die *ZEITUNG*, Arbeitgeber der beiden Journalisten, berichtet über die Morde an ihren Angestellten auf übertriebene Weise. Sie stellt Katharina in beiden Fällen als Täterin dar.

7. Kapitel

Katharinas Vermögen, Tötges Beerdigung

Katharinas Vermögen wird zunächst von Rechtsanwalt Blorna verwaltet. Tötges wird mit unangemessenem Aufwand beerdigt.

8. Kapitel

Rekonstruktion der Ereignisse am Mittwoch vor der Feier

Katharinas Tagesablauf am Mittwoch vor dem Tanzvergnügen wird berichtet. Sie erhält von ihren Arbeitgebern Blorna zwei Wochenlöhne für ihre Haushaltshilfe und verabschiedet sich von ihnen, da die viel beschäftigten Akademiker in den wohlverdienten Wintersport fahren. Anschließend fährt sie das Ehepaar Hiepertz zum Bahnhof, da es die Stadt während der Karnevalstage ebenfalls zu verlassen pflegt. Katharina bereitet sich auf den Tanzabend vor und benutzt die Straßenbahn, um zu ihrer Patentante Else Woltersheim, die eine Feier geplant hat, zu gelangen.

9. Kapitel

Die Privatfeier ihrer Tante wird durch Polizeibeamte überwacht. Auf der Feier tanzt sie „,ausschließlich und innig' (...) mit einem gewissen Ludwig Götten" (S. 17)

Überwachung Göttens und Katharinas auf der Feier

10. Kapitel

Katharinas Telefon – wie auch das von Else Woltersheim – wird seit Verlassen des Tanzvergnügens gemeinsam mit Ludwig Götten auf Veranlassung von Beizmenne abgehört.

Beizmennes Telefonabhörung

11. Kapitel

Kommissar Beizmenne stürmt am Donnerstagmorgen mit acht schwer bewaffneten Polizisten gegen 10. 30 Uhr die Wohnung. Er findet eine entspannte Katharina, aber keinen Götten vor.

Am Donnerstagmorgen stürmt Polizei Katharinas Wohnung

12. Kapitel

Als Ursache für Katharinas spätere Zurückhaltung und Verschlossenheit gegenüber den polizeilichen Befragungen wird Beizmennes unsensibles, aggressiv männliches Verhalten dargestellt.

Erzählerkritik an Beizmennes unsensiblem Verhörstil

Mario Adorf als Komissar Beizmenne mit Angela Winkler als Katharina Blum.
© Cinetext

13. Kapitel

Festnahme Katharinas

Katharinas Wohnung wird durchsucht, sie darf sich unter der Aufsicht einer Polizeibeamtin im Bad anziehen. Als Grund wird ihr mitgeteilt, „dass Ludwig Götten ein lange gesuchter Bandit sei, des Bankraubes fast überführt und des Mordes und anderer Verbrechen verdächtig." (S. 20)

14. Kapitel

Zuschauer und Presse bei Katharinas Abführung zur Vernehmung

Als Katharina aus ihrer Wohnung zur Vernehmung geführt wird, beobachten sie viele Hausbewohner. Der Pressefotograf Schönner fotografiert sie mehrmals trotz Gegenwehr.

15. Kapitel

Bei der Vernehmung gibt Katharina ihren Lebenslauf zu Protokoll. Sie schildert ihre Kindheit, ihre Ausbildung zur Hauswirtschaftshilfe, ihr Verhältnis zu Männern, ihren beruflichen Werdegang, ihren Arbeitsalltag und ihre finanzielle Situation.

Vernehmung über Katharinas Werdegang

16. Kapitel

Während der Mittagspause in der Vernehmung lehnt Katharina die polizeiliche Verpflegung ab und besteht auf Unterbringung in einer Zelle. Später lässt sie sich auf eigene Rechnung Essen bringen. Die Polizeiwache hälr sie für humorlos.

Katharinas Verhalten in der Vernehmungspause

17. Kapitel

Bei der weiteren Vernehmung berichtet Katharina, dass sie bei Abendveranstaltungen im Hause Blorna gelegentlich mit deren Gästen getanzt habe, diese aber oft zudringlich geworden wären. Daher sei der Hausball bei ihrer Tante seit langem das erste Tanzvergnügen, zu dem sie gegangen sei.

Katharinas Verhalten bei gesellschaftlichen Anlässen

18. Kapitel

Katharinas Vernehmung dauert ungewöhnlich lange, weil sie auf die genaue Formulierung ihres Wortlauts im Protokoll Wert legt. Sie unterscheidet z.B. zwischen beiderseitiger Zärtlichkeit und einseitiger „Zudringlichkeit" (S. 27).

Sprachsensibilität Katharinas bei Polizeiprotokoll

19. Kapitel

Durch die Hausbewohner erfährt die Polizei, dass Katharina in den zwei Jahren acht- bis neunmal Herrenbesuch gehabt habe. Zur Identität der Herrenbesucher verweigert Katharina die Aussage.

Katharina gibt Identität der Herrenbesuche nicht preis

20. Kapitel

Moeding sorgt sich um Katharinas Wohlbefinden

Beizmennes Assistent Moeding bringt Katharina Blum nach Hause. Er empfiehlt ihr, nicht ans Telefon zu gehen und nicht die morgige Zeitung zu lesen.

21. Kapitel

Die *ZEITUNG* sucht Blorna im Urlaub auf

Blorna wird am Donnerstag in seinem Urlaub von einem Reporter der *ZEITUNG* aufgesucht und zu einer – allerdings zurückhaltenden – Aussage über Katharina Blum gebracht.

22. Kapitel

Blorna verärgert über *ZEITUNG*, Urlaubsabbruch

Blorna liest am Freitagmorgen in der *ZEITUNG* sein entstelltes Interview. Blorna und seine Frau beschließen den Urlaub abzubrechen.

23. Kapitel

weitere entstellende *ZEITUNG*sartikel

Bei ihrer Ankunft am Samstagmorgen lesen Blornas weitere sensationslüsterne *ZEITUNG*sartikel über Katharinas Mutter, ihren Ehemann, Dr. Hiepertz und die als „links" beargwöhnten Blornas.

24. Kapitel

Neue Vernehmungen Katharinas wegen Fahrten und Ring

Katharina Blum wird am Freitag zum zweiten Mal verhört. Die Polizei wertet beschlagnahmte Gegenstände aus. Alles ergibt keine Anhaltspunkte für den Verdacht der Polizei. Allein der hohe Kilometerstand ihres Autos ist auffällig. Katharina Blum erläutert, dass sie zum Zeitvertreib durch die Gegend fährt. Die Polizei hat auch einen kostbaren Ring gefunden, zu dessen Herkunft Katharina Blum keine Angaben macht.

25. Kapitel

Das Freitagverhör hat Katharina Blum gut überstanden, da sie kurz vorher von Ludwig Götten angerufen worden war. Das weiß auch Beizmenne, der ja die Telefone abhören lässt.

Katharinas Telefonat mit Götten von Polizei abgehört

26. Kapitel

Blorna und Else Woltersheim halten Katharina Blum vor, sie hätte strafbar gehandelt, als sie Ludwig Götten zur Flucht verhalf. Katharina entgegnet: „‚Mein Gott, er war es eben, der da kommen soll, und ich hätte ihn geheiratet und Kinder mit ihm gehabt – und wenn ich hätte warten müssen, jahrelang, bis er aus dem Kittchen wieder raus war.'" (S. 59)

Katharina erklärt Blorna und Else Woltersheim ihr Verhalten

27. Kapitel

Katharinas Vernehmung ist beendet. Sie fragt die Polizisten, „ob der Staat (…) nichts tun könne, um sie gegen diesen Schmutz zu schützen und ihre verlorene Ehre wiederherzustellen" (S. 60).

Katharina fordert Staatsschutz gegen *ZEITUNG*

28. Kapitel

Bei Else Woltersheims Vernehmung beschwert diese sich über die Behandlung Katharinas durch die *ZEITUNG* und erklärt, Götten vor dem Tanzabend nicht gekannt zu haben.

Else Woltersheim kritisiert *ZEITUNG* bei Vernehmung

29. Kapitel

Hertha Scheumel wird vernommen. Sie berichtet, dass sie Götten am Nachmittag vor dem Tanzvergnügen im Café Polkt kennen gelernt und ihn für den Abend eingeladen habe.

Vernehmung Hertha Scheumel

30. Kapitel

Claudia Sterm bestätigt die Aussage von Hertha Scheumel.

Vernehmung Claudia Sterm

31. Kapitel

Vernehmung weiterer Gäste

Andere Gäste des Hausballs bei Else Woltersheim bestätigen die vorliegenden Aussagen.

32. Kapitel

erneutes Verhör Katharinas

Beim erneuten Verhör Katharinas wehrt sie sich gegen den Vorwurf, Götten geschickt in die Feier eingeschleust zu haben.

33. Kapitel

polizeiliche Überwachungsstrategie

Die Ermittlungsbeamten stellen fest, dass es sich bei dem ominösen Scheich Karl, der im Café Polkt und bei dem Tanzvergnügen anwesend war, um einen ihrer Kollegen handelt, der Ludwig Götten beschattete.

34. Kapitel

Katharina wird beleidigt und anonym belästigt

Else Woltersheim und Konrad Beiters begleiten Katharina nach Hause. Ihr Briefkasten quillt über – gefüllt mit Beleidigungen und Beschimpfungen. Es wird von anonymen Anrufern berichtet.

35. Kapitel

Katharina randaliert in ihrer Wohnung

Katharina beschmutzt vor Wut ihre Wohnung, indem sie Flaschen verschiedenen Inhalts an die Wände wirft.

36. Kapitel

Erzählerreflexion über Blums Mordabsichten

Der Berichterstatter überlegt, zu welchem Zeitpunkt wohl Katharina Blum ihre Mordabsichten gefasst habe.

37. Kapitel

Katharinas Freitagabend, Zeitungskauf am Samstagmorgen

Am Freitagabend versuchen Konrad Beiters und Else Woltersheim Katharina in der Wohnung der Tante abzulenken. Katharina besorgt sich am frühen Samstagmorgen die neueste Ausgabe der *ZEITUNG*.

38. Kapitel

Am Samstagmorgen unterhalten sich Blornas über das Geschehen. Trude stellt fest, dass es sich bei Blums Herrenbesuche um ihren Bekannten Sträubleder handeln muss. Sie erklärt ihrem Mann, dass Katharina über sie Zugang zum Plan der Versorgungsleitungen in deren Wohnkomplex gehabt habe und so Ludwig Götten zur Flucht verhelfen konnte.

Trudes Deutung der Herrenbesuche, ihre unbeabsichtigte Fluchthilfe

39. Kapitel

Sträubleder sucht Blorna auf, es kommt zu „unerträglichen Spannungen“ (S. 89).

Sträubleder bei Blorna

40. Kapitel

Sträubleder bittet Blorna, zu seinem Ferienhaus in Kohlforstenheim zu fahren. Er vermutet, dass Katharina – der er einen Schlüssel dazu ausgehändigt hat – dort Ludwig Götten versteckt hat und fürchtet, die Polizei könnte den Fahnenflüchtigen dort entdecken. Zeitgleich hört Trude Blorna im Radio, dass Götten dort leicht verletzt festgenommen wurde. Sie rät Sträubleder, sich lieber um seine Ehefrau zu kümmern. Wütend geht er. Trude Blorna berichtet ihrem Mann, dass sie Katharina aufgestöbert habe. Deren Mutter sei gestorben.

Festnahme Göttens in Sträubleders Ferienhaus, Streit Trude Blorna und Sträubleder, Tod von Katharinas Mutter

41. Kapitel

Der Erzähler respektive Berichterstatter reflektiert über die Folgen des Abhörens von Telefonaten. Er sieht für die damit Beschäftigten psychische Gefahren.

Erzählerreflexion über Abhörpraxis

42. Kapitel

Tötges besucht Blums Mutter im Krankenhaus. Da man ihn nicht zu der schwerkranken, frisch operierten Frau lassen möchte,

Tötges' manipuliertes Interview mit Blums Mutter

verkleidet er sich als Handwerker, um zu ihr zu gelangen. Seine Interviewmanipulationen erklärt er damit, dass er als Reporter „gewohnt sei, ‚einfachen Menschen Artikulationshilfe zu geben'" (S. 103).

43. Kapitel

Fragwürdigkeit von Tötges' Besuch im Krankenhaus

Der Erzähler fragt, ob Tötges wirklich zu Katharina Blums Mutter vorgedrungen ist. Das Personal des Krankenhauses hält es eigentlich nicht für möglich. Tötges behauptet es jedenfalls und Katharina weiß von dieser Behauptung.

44. Kapitel

Katharina zu Tötges' Besuch im Krankenhaus, Katharina über Sträubleder

Am Samstagmittag treffen sich Katharina, die Blornas, Else Woltersheim und Konrad Beiters in Kuir. Katharina hat mit ihrer Tante das Krankenhaus besucht, um ihre Mutter ein letztes Mal zu sehen.

45. Kapitel

Harmonischer Samstagabend bei Blornas

Den Samstagabend verbringt Katharina mit Else Woltersheim und deren Freund Beiters bei Blornas. Es wird ein harmonischer, entspannter Abend.

46. Kapitel

Restlicher Samstagabend

Den restlichen Abend und die Nacht verbringt Katharina ruhig bei Else Woltersheim.

47. Kapitel

Diffamierende Artikel über Katharina und Blornas in *SONNTAGSZEITUNG*

Katharina frühstückt am Sonntagmorgen und liest die *SONNTAGSZEITUNG*: „Als erstes nachweisbares Opfer der undurchsichtigen, immer noch auf freiem Fuß befindlichen Katharina Blum kann man jetzt ihre eigene Mutter bezeichnen, die den Schock über die Aktivitäten ihrer Tochter nicht überlebte." (S. 113) „Offenbar sollte die Blum im Auftrag einer Linksgruppe die Karriere von S. zerstören." (S. 114) „Welche Rolle spielte Frau Dr. Gertrud Blorna, die (…) heute noch als die ‚rote Trude' bekannt ist?" (S. 115)

48. Kapitel

Beizmenne rechtfertigt die späte Verhaftung Göttens und dankt der *ZEITUNG* für die Mithilfe bei der Aufdeckung von Else Woltersheims angeblich kommunistischer Vergangenheit.

Zusammenarbeit von Polizei und *ZEITUNG*

49. Kapitel

Else Woltersheim informiert Blornas über den Artikel in der *SONNTAGSZEITUNG*. Blorna will daraufhin Molotow-Cocktails basteln, um sich an der *ZEITUNG* und an Sträubleder zu rächen. Seine Frau hindert ihn daran und beschimpft stattdessen Lüding am Telefon.

Blornas erzürnt über *SONNTAGS-ZEITUNG*

50. Kapitel

Blorna recherchiert in Gemmelsbroich. Er findet heraus, dass der Pfarrer tatsächlich gesagt hat, was in der *ZEITUNG* stand. Die Familie Blum sei nicht besonders beliebt gewesen, doch eine direkte Verbindung zum Kommunismus gibt es nicht.

Blornas Recherche über Familie Blum

51. Kapitel

Blorna vertritt Katharina und Ludwig Götten als Strafverteidiger vor Gericht. Infolge dessen berichtet die *ZEITUNG* weiterhin über die Blornas, über Katharina Blum und Ludwig Götten. Er gerät in finanzielle Schwierigkeiten, zumal er Katharinas Wohnung betreut: Er übernimmt laufende Zahlungen und versucht einen Käufer oder Mieter zu finden.

Blornas finanzielle Probleme während des Prozesses

Heinz Bennent und Hannelore Hoger als Ehepaar Blorna © Cinetext

52. Kapitel

Sträubleder und Lüding entziehen Blorna die lukrativen internationalen Aufträge, stattdessen muss er sich nun mit juristischem Kleinkram herumschlagen. Er bekommt Magenschmerzen und vernachlässigt seine Körperpflege.

Blornas berufliche und gesundheitliche Probleme

53. Kapitel

Blorna sorgt sich um Katharinas Verteidigung, da sie privat angibt, schon sehr früh am Donnerstag Mordgedanken gehabt zu haben. Im Gefängnis arbeitet Katharina so korrekt wie immer. Wahrscheinlich erwarten sie acht bis zehn Jahre Haft.

Keine Reue Katharinas, vorbildliches Verhalten im Gefängnis

54. Kapitel

Ludwig Götten wird der Desertation aus der Bundeswehr, des Diebstahls von Geld und Waffen und der Bilanzfälschung angeklagt. Er muss wie Katharina mit acht bis zehn Jahren Haft rechnen. Katharina möchte nach ihrer Entlassung ein Restaurant in einer anderen Gegend eröffnen.

Keine Mordanklage gegen Götten, Katharinas Zukunftspläne

55. Kapitel

Else Woltersheim hat Schwierigkeiten, das Geschehen zu verkraften. Sie wird aggressiv, wenn sie sieht, wie öffentliche Würdenträger oder andere Vermögende über Buffets herfallen, die der Steuerzahler finanziert.

Psychische Folgen für Else Woltersheim

56. Kapitel

Auf einer Vernissage treffen die Ehepaare Blorna und Sträubleder aufeinander. Blornas werden wütend, als Sträubleders ihnen ihre Freundschaft versichern: Herr Blorna auf körperliche Weise, Frau Blorna verbal.

Auseinandersetzung zwischen Blornas und Sträubleder auf Vernissage

57. Kapitel

Niedergang Blornas, Tatwaffe von Konrad Beiters

Blornas bieten ihre Villa zum Kauf an, Frau Blorna sucht eine neue Stellung. Blorna klärt die Herkunft der Tatwaffe: Sie gehört Konrad Beiters und ist eine ehemalige Dienstwaffe.

58. Kapitel

Katharina schildert Tathergang

Katharina Blum schildert Blorna den Tathergang und die Zeit danach, bis sie sich bei Moeding meldete, in einer Niederschrift.

3.3 Aufbau

ZUSAMMENFASSUNG

Die Erzählung beginnt am Mittwoch, dem 20. Februar (vor Altweiberfasching) 1974, schildert die darauf folgenden Tage und gibt abschließend einen Ausblick in das weitere Leben der Protagonisten. Sie spielt in Köln und Umgebung.

Chronologischer Aufbau

Vor- und Rücksprünge im Geschehen

Bölls Erzählung folgt einem Schema, das ihm Vor- und Rücksprünge im Geschehen erlaubt. Ursache dafür ist das aus der Quellenmetapher gewonnene Strukturprinzip, das der Erzählung zu Grunde liegt.

Zum besseren Verständnis wird hier eine chronologische Übersicht der Ereignisse in *Die verlorene Ehre der Katharina Blum* dargestellt, bevor die Erzählstruktur verdeutlicht wird.

KAPITEL	ZEIT	EREIGNIS
Vorgeschichte Katharina Blums		
15	02.03.1947	→ Geburt Katharinas in Gemmelsbroich → Vater: Peter Blum, Bergarbeiter, gest. 1953 → Mutter: Maria Blum, Putzfrau → Älterer Bruder: Kurt Blum, zum Zeitpunkt der Erzählung in Haft
	Schulzeit bis 1961	→ Haushaltshilfe bereits während der Schulzeit → Schulentlassung
	anschl.	Hausgehilfin bei der Metzgerei Gerbers
	1962 bis 1965	Hauswirtschaftsschule in Kuir
	1966 bis 1967	Wirtschafterin im Ganztagskindergarten der Firma Koeschler

KAPITEL	ZEIT	EREIGNIS
15	1967 bis 1968	Hausgehilfin beim Arzt Dr. Kluthen
	1968	Heirat mit Textilarbeiter Wilhelm Brettloh
	1968/69	→ Scheidung → Wohnung bei Patentante Else Woltersheim
	anschl.	Wirtschafterin und Hausgehilfin bei Wirtschaftsprüfer Dr. Fehnern
	zeitgleich bis Ende 1969	Fachprüfung zur staatlich geprüften Wirtschafterin
	seit 1970	Freiberufliche Wirtschafterin bei Ehepaar Dr. Blorna und Ehepaar Dr. Hiepertz
	Anfang 1970	Erwerb einer Eigentumswohnung
	Frühjahr 1972	Erwerb eines Volkswagens

Mittwoch, 20. Februar 1974

8	nachmittags	→ Auszahlung von zwei Wochengehältern an Katharina → Abreise der Blornas in Urlaub, → Zusatzarbeit bei Ehepaar Hiepertz
29	nachmittags	Ludwig Götten (und Spitzel Karl) treffen im Café Polkt Hertha Scheumel und Claudia Sterm, die sie zu Else Woltersheims Feier einladen
8,9	abends / nachts	Bei der Feier tanzt Katharina nur mit Ludwig Götten, nimmt ihn anschließend mit in ihre Wohnung
10,44	abends / nachts	Götten übernachtet bei Katharina, entwischt durch Heizungsschacht

Donnerstag, 21. Februar 1974

11–13	10.30 Uhr	→ Polizei stürmt Katharinas Wohnung → Durchsuchung
14	11.00 Uhr	Abführen Katharinas

KAPITEL	ZEIT	EREIGNIS
15–17	11.30 Uhr bis 12.30 Uhr; 13.30 Uhr bis 17.45 Uhr; 17.45 Uhr bis 20.40 Uhr	Verhöre Katharinas
21	15.30 Uhr	*ZEITUNG*s-Reporter bei Blornas in Österreich
20	nach 20.40 Uhr	Moeding bringt Katharina nach Hause
25,48	23.30 Uhr	Anruf Göttens bei Katharina

Freitag, 22. Februar 1974

22,25		Erster *ZEITUNG*sartikel
24	5.00 Uhr	Fahrt Katharinas zur Woltersheim anschl. erneutes Polizeiverhör
22	9.30 Uhr	Blorna entdeckt *ZEITUNG*sbericht
	10.25 Uhr	Anruf Lüdings bei Blorna
	10.40 Uhr	Anruf Katharinas bei Blorna
	11.00 Uhr	Anruf Sträubleders bei Blorna
	11.30 Uhr	Entschluss Blornas zum Urlaubsabbruch
	12.15 Uhr	Abreise Blornas
42	vormittags	Tötges' Eindringen ins Krankenhaus von Katharinas Mutter und angebliches Interview
28	keine Angaben	Vernehmung Else Woltersheim
29		Vernehmung Hertha Scheumel
30		Vernehmung Claudia Sterm
32		Weitere Vernehmung Katharina Blum

KAPITEL	ZEIT	EREIGNIS
34,35	nachmittags	→ Fahrt Katharinas mit Woltersheim und Beiters in Katharinas Wohnung → anonyme Beschuldigungen → Verwüstung der Wohnung
37	abends	Katharinas friedlicher Abend mit Konrad Beiters und Tante Woltersheim

Samstag, 23. Februar 1974

23,37	keine Angaben	Katharina und Trude Blorna lesen zweiten *ZEITUNG*sartikel
39,40	8.15 Uhr	→ Besuch Sträubleders bei Blornas → Ankündigung Interviewvereinbarung Katharinas mit Tötges → Nachricht von Göttens Festnahme → Tod von Katharinas Mutter
44	mittags	Treffen Katharina, Blornas, Woltersheim und Beiters' in Kuir
46	abends	Gemeinsamer entspannter Abend bei Woltersheim, Katharinas Übernachtung bei Woltersheim

Sonntag, 24. Februar 1974

47	keine Angaben	Katharina liest dritten *ZEITUNG*sartikel
57,58		Katharinas Diebstahl von Beiters' Pistole
49	10.00 Uhr bis 12.00 Uhr	→ Katharinas Warten auf Tötges im Journalistenlokal „Zur Goldente" → Anschl. Heimfahrt
49	mittags	→ Blornas Versuch ein Molotow-Cocktail zu basteln → Trude Blornas telefonische Beleidigung Lüdings
3, 58	12.15 Uhr	→ Tötges' Ankunft in Katharinas Wohnung → Annäherungsversuch Tötges' → Katharinas Mord an Tötges

KAPITEL	ZEIT	EREIGNIS
3	anschl. bis 19.04 Uhr	→ Ruheloses Umherstreunen Katharinas → Selbstanzeige Katharinas bei Moeding → Auffinden der Leiche Tötges'

Nachgeschichte

KAPITEL	EREIGNIS
50	Blornas Recherche in Gemmelsbroich
51	→ Blornas Verteidigung von Katharina und Götten → Weitere *ZEITUNG*sberichte → Blorna übernimmt Treuhänderschaft über Katharinas Wohnung → Finanzielle Schwierigkeiten Blornas → Scheidungsgerüchte über Blornas → Trude Blornas Verwicklung in arbeitsrechtlichen Prozess
52	→ Degradierung Blornas als Rechtsanwalt → Selbstvernachlässigung Blornas
53	Vorbildliches Verhalten Katharinas in Haft
55,56	→ zunehmende Aggressivität der Woltersheim und der Blornas → tätlicher Streit Blornas mit Sträubleder → möglicher Stellenverlust Trude Blornas

Logische Fehler beim zeitlichen Ablauf der Erzählung

Bei der genauen Erstellung zeitlicher Übersichten sind schon Balzer[1] und Nägele[2] zwei logische Fehler aufgefallen. Balzer entdeckte, dass in Kapitel 27 an zwei Stellen „die beiden Ausgaben der Zeitung" (S. 60, S. 61) genannt werden. Da das in Kapitel 27 dargestellte Geschehen jedoch am Freitagvormittag spielt, ist erst ein *ZEITUNG*sartikel, nämlich der vom Freitag, erschienen und folglich ist Katharina Blum bislang nur von einer Ausgabe betroffen. Auch die Briefe, die sie am Freitagnachmittag als Reaktion auf den ersten *ZEITUNG*sartikel in ihrem Briefkasten findet, können

1 Balzer, S. 37
2 Nägele, S. 162

per Post noch nicht dort angekommen sein. In Kapitel 36 wird der Fehler logisch fortgesetzt, denn dort heißt es: „Manche denken, dass schon der erste Artikel am Donnerstag in der *ZEITUNG* genügt habe, ..." (S. 79). Explizit schreibt Böll im 53. Kapitel, dass Katharina „angibt, schon am Donnerstag nach Lektüre des ersten Artikels *Mordgedanken* [Hervorh. d. Autorin] gehabt zu haben" (S. 126). Sie wird jedoch erst am Donnerstagvormittag gegen 11.00 Uhr verhaftet und abgeführt. Zu diesem Zeitpunkt begegnet sie das erste Mal Reportern der *ZEITUNG*! Sie hat weder Kontakt mit der Polizei gehabt noch am eigenen Leib erfahren, auf welche Art die *ZEITUNG* berichtet! Damit widerspricht sich Böll, denn das sonstige Geschehen in der Erzählung geht von einem ersten Artikel am Freitag aus. Am betreffenden Donnerstag sagt Kriminaloberkommissar Moeding zu Katharina: „(...) schlagen Sie morgen keine Zeitung auf" (S. 34).

Nägele erkannte, dass bereits Kapitel 4 einen logischen Fehler enthält. Dort wird behauptet, dass Katharina auch des Mordes am Pressefotografen Schönner verdächtig sei, der am Faschingsdienstag erschossen wurde. Ein unsinniger Verdacht, wenn man bedenkt, dass Katharina seit Samstag inhaftiert war.

Erzählstruktur

Motto der Erzählung: Anspielung auf *BILD*-Zeitungspraktiken

Im Motto „Personen und Handlung dieser Erzählung sind frei erfunden. Sollten sich bei der Schilderung gewisser journalistischer Praktiken Ähnlichkeiten mit den Praktiken der *BILD*-Zeitung ergeben haben, so sind diese Ähnlichkeiten weder beabsichtigt noch zufällig, sondern unvermeidlich." (S. 5), das Böll der Erzählung voranstellt, wird die *BILD*-Zeitung erwähnt. Nicht umsonst wird diese Bemerkung an den Anfang gestellt, schließlich ist eine den Springer-Verlag betreffende Äußerung Grundlage des Konstruktionsprinzips der Erzählung.

Kapitel 2: Quellenmetaphorik

Bei der Einweihung eines neuen Gebäudes des Verlags Axel Springer in Berlin-Kreuzberg am 6. 10. 1966 würdigte der damalige Bundespräsident Heinrich Lübke: „Hier springt eine klare Quelle." (*Der Tagesspiegel*, 7. 10. 1966). Nach Balzer war Böll diese Aussage bekannt.[3] In Kapitel 2 entwickelt er seine Quellenmetapher und erwähnt dabei „Niveauunterschiede und -ausgleiche" (S. 8). Damit regt er zu Vergleichen in der Presselandschaft an, wo es Zeitungen höchst unterschiedlichen Niveaus (von „Pfützenwasserpotentialen" (ebd.) bis zu Hochniveau) gibt. Die *ZEITUNG* bedient dabei die unterste Ebene.

Die Erzählung beginnt mit einem Erzählerbericht (Kapitel 1 bis 3), der zunächst die Quellen nennt, die Quellenmetapher einführt und scheinbar objektiv[4] die Tatsachen wiedergibt.

Kriminalgeschichte mit analytischem Aufbau

Sie stellt sich wie eine Kriminalgeschichte mit analytischem Aufbau dar: Zunächst wird die Tat geschildert, um dann im weiteren Verlauf das Mordmotiv zu entwickeln. Hier fragt sich der Leser auch bis zum 57. Kapitel, wie eine derart unbescholtene Person wie Katharina Blum an eine Pistole herankommt.

Bölls Konstruktionsprinzip verdeutlicht folgende Übersicht.

EB Erzählerbericht / **EK** Erzählerkommentar / **PP** Polizeiprotokoll

KAPITEL	ZEIT	QUELLE	EREIGNIS
1	Erzählgegenwart	EB	Quellen
2	Erzählgegenwart	EB	Quellenmetapher
3	Erzählgegenwart	EB; EK	„Tatsachen"
4	Erzählgegenwart	EB	Zweiter Mordverdacht

3 Balzer, S. 25 f.
4 vgl. Kapitel 3.6

KAPITEL	ZEIT	QUELLE	EREIGNIS
5	später	Karnevals-funktionär	Wirtschaftliche Funktion des Karnevals
6	später	EB	Meinung der *ZEITUNG*
7	Erzählgegenwart	EK	
8	Mittwoch	EB: Blorna, Hiepertz, Woltersheim	Vorbereitung der Hausparty
9	Mittwoch, 19.25 Uhr bis 22.00 Uhr	EB: Katharina	Hausparty
10	Mittwoch, 22.00 Uhr	EB: Hach	„Zäpfchen"
11	Mittwochnacht; Donnerstagmorgen	EB: PP	Stürmen der Wohnung
12	Donnerstag	EB: Hach, Blorna	Beizmennes Frage
13	Donnerstag	EB: PP, Katharina	Durchsuchung
14	Donnerstag, 11.00 Uhr	EB	Abführung Katharinas
15	Donnerstag, 11.35 Uhr bis 17.45 Uhr	EB: PP	Erste Vernehmung
16	Donnerstag, 12.30 Uhr bis 13.30 Uhr	EB: Polizei-beamte, Pletzer	Mittagspause
17	Donnerstag, nach 17.45 Uhr	EB: PP	Fortsetzung erste Vernehmung
18	Donnerstag, bei der Vernehmung	EB	Sprachliche Sensibilität
19	Donnerstag, bis 20.40 Uhr	EB: PP	Vernehmungen
20	Donnerstag, nach 20.40 Uhr	EB: Moeding	Katharinas Heimfahrt

KAPITEL	ZEIT	QUELLE	EREIGNIS
21	Donnerstag, 15.30 Uhr	EB: Blorna	Reporter – Blorna
22	Freitag, 9.30 Uhr bis abends	EB: Blorna, *ZEITUNG*	Blornas Rückreise, erster Artikel
23	Samstag 8.15 Uhr	EB: Blorna, *ZEITUNG*	Blornas Ankunft, zweiter Artikel
24	Freitagvormittag	EB: Pletzer, Blorna, PP	Zweite Vernehmung
25	Freitag früher Morgen, Donnerstagnacht	EB	Ludwigs Anruf
26	Freitagmorgen	EB: Wolters-heim	Katharinas Recht-fertigung
27	Freitag	EB: Polizei-assistentin Zündach, Hach	Katharina über *ZEITUNG* und Polizei
28	Freitag	EB: PP	Vernehmung Wolters-heim
29	Freitag	EB: PP	Vernehmung Hertha Scheumel
30	Freitag	EB: PP	Vernehmung Claudia Sterm
31	Freitag	EB: PP	Weitere Verneh-mungen
32	Freitagnachmittag	EB: PP	Weitere Vernehmung Katharinas
33	Freitag	EB	Taktik der Polizei
34	Freitagnachmittag	EB: Wolters-heim	Anonyme Post und Anrufe
35	Freitagnachmittag	EB	Katharina verwüstet Wohnung
36	Erzählgegenwart	EB; EK	Spekulation über Mordabsicht

KAPITEL	ZEIT	QUELLE	EREIGNIS
37	Freitagabend bis -nacht	EB: Woltersheim, Beiters	Verlauf des Abends
38	Samstagmorgen	EB: Blorna	Gespräch von Blornas
39	Samstagmorgen	EB: Blorna	Eintreffen Sträubleder
40	Erzählgegenwart; Samstagmorgen	EB: Blorna	Gespräch mit Sträubleder
41	Erzählgegenwart; Freitag?	EB; EK	Reflexion über Telefonüberwachung
42	Donnerstag	EB	Tötges bei Katharinas Mutter
43	später	EB: Ärzte, Schwestern des Krankenhauses	Hintergründe zu Tötges Besuch
44	Samstagmittag	EB: Blorna, Woltersheim, Beiters	Treffen in Kuir
45	Samstagnachmittag bis -abend	EB: Blorna, Woltersheim, Beiters	Weiterer Verlauf
46	Samstagabend	EB: Woltersheim, Beiters	Abends bei Frau Woltersheim
47	Sonntagmorgen	EB: *ZEITUNG*, Woltersheim	Dritter Artikel
48	später	EB: Beizmenne, „intern"	Beizmennes Taktik
49	Sonntagvormittag	EB: Blorna	Blornas Reaktion, Katharina erwartet Tötges
50	später	EB: Blorna	Blornas Recherchen

KAPITEL	ZEIT	QUELLE	EREIGNIS
51	später	EB: Blorna, ZEITUNG	Folgen für Blornas
52	später	EB: Blorna, ZEITUNG	Folgen für Blornas
53	später	EB: Blorna	Verteidigung Katharinas
54	später	EB: Blorna, Hach	Göttens Verbrechen
55	später	EB: Woltersheim	Veränderung von Frau Woltersheim
56	später	EB: Blorna	Konfrontation zwischen Blorna und Sträubleder
57	später	EB: Blorna	Folgen für Blornas
58	Erzählgegenwart; später	EB: Katharina	Schilderung des Tathergangs

Die Darstellungen der Tage von Donnerstag bis Samstag, an denen das Hauptgeschehen spielt, werden durch Rück- oder Vorsprünge gegliedert. Auch ist die Verteilung der Kapitel annähernd gleichmäßig. Böll ist einem Plan gefolgt.

3.4 Personenkonstellation und Charakteristiken

ZUSAMMEN-FASSUNG

Die Figuren in *Die verlorene Ehre der Katharina Blum* gewinnen ihre Funktionalität innerhalb der Geschichte dadurch, dass sie durch ihr Verhalten beispielhaft illustrieren, „[w]ie Gewalt entstehen und wohin sie führen kann" – so der Untertitel der Erzählung. Das Personal der Erzählung lässt sich also in drei Gruppen unterteilen: in Katharinas Familien- und Bekanntenkreis, in Angehörige der Polizei und in Vertreter der *ZEITUNG*.

Folgende vier Personen werden im Folgenden ausführlich charakterisiert:

→ Katharina Blum, aufgrund von Selbstaussagen, Darstellungen ihrer Freunde und den Äußerungen der *ZEITUNG*,
→ ihre Arbeitgeber, Dr. Hubert Blorna und seine Frau, Trude Blorna sowie
→ Else Woltersheim, eine ältere Vertraute Katharina Blums.

Das nachfolgende Schaubild stellt alle wichtigen Romanfiguren in ihren gesellschaftlichen Beziehungen zur Hauptfigur Katharina Blum dar.

Familie

- **Peter Blum** – Vater, gest. 1953
- **Maria Blum** – Mutter, Putzfrau
- **Kurt Blum** – Bruder, inhaftiert
- **Wilhelm Brettloh** – Exmann, Textilarbeiter
- **Else Woltersheim** – Patentante
- **Hertha Scheumel** – weitläufige Kusine

Freunde/Bekannte

- **Ludwig Götten** – Geliebter Katharinas, polizeilich gesucht
- **Konrad Beiters** – Freund Else Woltersheims
- **Claudia Sterm** – Mitbewohnerin Hertha Scheumels

Arbeitgeber

- **Dr. Hubert Blorna** – Rechtsanwalt, befreundet mit Katharina
- **Trude Blorna** – Architektin
- **Erna und Dr. Berthold Hiepertz** – pensioniertes Studiendirektorenehepaar

Katharina Blum

Unternehmer

- **Alois Sträubleder** – befreundet mit Blornas, verliebt in Katharina
- **Lüding** – Einfluss auf *ZEITUNG*s-Berichterstattung

ZEITUNG

- **Werner Tötges** – Reporter, von Katharina ermordet
- **Adolf Schönner** – Pressefotograf, ermordet

Polizei

- **Erwin Beizmenne** – Kriminalhauptkommisar
- **Walter Moeding** – Kriminaloberkommisar
- **Pletzer** – Kriminalbeamtin

Staatsanwaltschaft

- **Peter Hach** – Staatsanwalt, Studienfreund Blornas
- **Dr. Korten** – jüngerer Kollege Hachs

Angela Winkler als Katharina Blum © Cinetext

Katharina Blum

Katharina Blum, die Heldin der Erzählung, ist eine junge, zunächst derart unbescholtene und anständige Frau, dass es schwer fällt, ihr den bereits am Anfang der Erzählung zugeschriebenen Mord wirklich zuzutrauen. Bölls Erzählabsicht kann man darin sehen, im Gang der Erzählung ein Mordmotiv für Katharina zu entwickeln. Daher soll Katharinas Charakter und seine Veränderungen im Folgenden sorgfältig untersucht werden:

Katharina:
1) Selbstbeschreibung; Beschreibung durch
2) Freunde und
3) ZEITUNG

Katharina beschreibt sich in Teilen der Erzählung selbst – vor allem ihren Lebenslauf – und wird andererseits von ihren Arbeitgebern und Freunden charakterisiert und schließlich durch Aussagen der *ZEITUNG* dargestellt. Dabei treten erhebliche Unterschiede auf, so dass es sinnvoll erscheint, hier Katharina aus eben diesen drei verschiedenen Perspektiven darzustellen.

Katharina Blum: Charakterisierung durch Selbstaussagen

Natürlich handelt es sich nicht um reale Selbstaussagen, da Katharina Blum eine fiktive Person ist. In Bezug auf die Gestaltung der Erzählung als Erzählbericht verwende ich jedoch diesen Terminus, da sich die Inhalte auf die fiktiven Vernehmungsprotokolle der Polizei beziehen.

Fiktive Vernehmungsprotokolle über Katharinas Werdegang

Katharina Blum wurde am 2. März 1947 in Gemmelsbroich, Landkreis Kuir, geboren. Als sie sechs Jahre alt ist, stirbt ihr Vater Peter Blum an den Folgen einer Kriegsverletzung, die sich durch die Arbeit im Bergwerk verschlimmert hat. Da sich Knappschaft und Versorgungsamt nicht über eine Rente einigen können, muss Katharina schon früh ihrer Mutter, die als Putzfrau tätig ist, im Haushalt helfen. Auch in anderen Haushalten und bei der Feldarbeit ist sie fleißig. Ihre schulischen Leistungen leiden nicht darunter. Mit vierzehn verlässt sie die Schule und arbeitet im Haushalt und im Verkauf der Metzgerei Gerbers in Kuir. Mit (auch finanzieller) Hilfe ihrer Patentante Else Woltersheim, die dort Lehrerin ist, besucht sie die nächsten drei Jahre die Hauswirtschaftsschule in Kuir, die sie mit „sehr gut" absolviert. Im Anschluss daran ist sie für zunächst ein Jahr als Wirtschafterin in einem Kindergarten tätig, danach als Hausgehilfin beim Arzt Dr. Kluthen. Da der Mediziner ihr nachstellt, kündigt sie. Zudringlichkeiten dieser Art mag sie nicht und weicht ihnen – wenn möglich – aus. Kurze Zeit später heiratet sie den Textilarbeiter Wilhelm Brettloh, mit dem sie jedoch nicht glücklich ist, da er „eben nie zärtlich, sondern immer nur zudringlich gewesen" (S. 30) sei. Die Eheschließung könnte man als Ausbruchsversuch der gerade Volljährigen interpretieren, um vom unglücklichen Zuhause fortzukommen. Jedoch fördert die missglückte Ehe ihre Selbständigkeit: Nachdem sie schuldig geschieden ist, geht sie in die

Zudringlichkeiten, unglückliche Ehe mit Brettloh

nahe Großstadt Köln[5], zunächst zu ihrer inzwischen dort tätigen Tante Else Woltersheim. Nach kurzer Zeit findet sie eine Stellung beim Wirtschaftsprüfer Dr. Fehnern, wiederum als Hausgehilfin. Ambitioniert bildet sie sich nebenher in Abendkursen zur staatlich geprüften Wirtschafterin weiter. Nachdem Dr. Fehnern Ende 1969 wegen Steuerbetrugs verhaftet wird, findet sie in Blornas neue Arbeitgeber. Inzwischen hat sie beruflich einen guten Leumund erworben. Sie macht nie Urlaub, sondern hilft im Saisongeschäft aus und übernimmt Neben- und Aushilfstätigkeiten. So ist es ihr möglich, nicht mehr als Angestellte, sondern als freiberufliche Haushälterin bei Blornas tätig zu sein. Da Katharina stets sehr sparsam lebt und für sich selbst nur wenig benötigt, kann sie mit Hilfe und durch Vermittlung Blornas eine Eigentumswohnung erwerben. Diese Wohnung bringt ihr nicht nur finanzielle Unabhängigkeit und Sicherheit, sondern ist auch ihr erstes eigenes Zuhause, das sie weder mit einer schwierigen Familie oder einem ungeliebten Ehemann teilen muss, noch ist es ein Dienstmädchenzimmer eines mehr oder weniger aufdringlichen Arbeitgebers. Wie es die Tätigkeit in Privathaushalten mit sich bringt, treten ihr auch bei den Partys der Blornas deren männliche Gäste mitunter zu nahe. Da sie darauf angewiesen ist, nach Hause gebracht zu werden, macht sie gute Miene zu einem Spiel, das ihr eigentlich missfällt. Daher schafft sie sich so schnell wie möglich einen eigenen Wagen an, einen gebrauchten VW. Dieses Gefährt ermöglicht es ihr auch, an verregneten freien Tagen stundenlang, z. T. bis in die Niederlande oder nach Belgien, herumzufahren. Sie möchte nicht allein vor dem Fernseher sitzen, womöglich noch mit einer Flasche alkoholhaltigen Inhalts neben sich. Besitzt sie deshalb keinen Fernseher? Womit sie sich in ihrer Freizeit

Abschluss als staatlich geprüfte Wirtschafterin

Katharinas finanzielle Unabhängigkeit

Katharinas ziellose Fahrten

5 Köln wird nicht explizit erwähnt, kommt aber als einzige Stadt aufgrund des Karnevals und der Nähe zur Eifel in Frage.

beschäftigt, bleibt unklar. Es wirkt, als ob sie freie Zeit vermeidet, denn sie nimmt offenbar gern und häufig Nebentätigkeiten an, z. B. die Hausarbeit beim Ehepaar Hiepertz, eineinhalb bis zwei Stunden täglich nach ihrer Arbeit bei den Blornas. In finanziellen Dingen ist sie pingelig bis peinlich genau, jede Ausgabe wird verzeichnet und kommentiert. Sie unterstützt ihre Mutter und ihren Bruder und sorgt für die Grabpflege des Vaters. So lässt sie – im Rahmen ihrer Möglichkeiten – ihre von ihr nicht geliebte Familie an ihrem Wohlstand teilnehmen. An Männern ist sie nicht interessiert. Nicht verwunderlich für eine junge Frau, die es seit frühester Jugend gewohnt ist, dass „Männer ihr an die Kledage wollen" (S. 136). Eine Ausnahme bildet nur Ludwig Götten, über den sie mythologisierend sagt: „Mein Gott, er war es eben, der da kommen soll (...)" (S. 59). In ihn verliebt sie sich auf den ersten Blick und zwar derart, dass sie ihn gleich nach dem Kennenlernen in ihre Wohnung einlädt und ihm zur Flucht verhilft.

Katharinas Genauigkeit in finanziellen Dingen

Katharinas Erfahrungen mit Männern

Die Vernehmungen nach dem Stürmen ihrer Wohnung, die sie zunächst nahezu unberührt, ja „cool" hinnimmt, akzeptiert sie in einem Rahmen, der ihr Intimleben nicht berührt. Sie äußert zwar ihr Unverständnis für die Detailbesessenheit der Ermittlungsbehörde, aber bis auf wenige ihre Intimsphäre betreffende Ausnahmen wie die Aspekte des Herrenbesuchs erteilt sie bereitwillig Auskunft. Die entscheidenden Punkte, nämlich wie sie Götten zur Flucht verhalf und wo sich sein Aufenthaltsort befindet, gibt sie allerdings nicht preis, und verhält sich diesbezüglich wie eine Braut, die das Recht zur Aussageverweigerung besitzt, was die Polizeibehörde allerdings nicht anerkennt, sondern sie zur Räuberbraut abstempelt. Die Bedeutung, die sie dem Kennenlernen Ludwigs beimisst und die sie durch Öffnung ihrer Wohnung und ihres Körpers für ihn dokumentiert, wird von der Ermittlungsbehörde nicht erkannt (und soll auch nicht erkannt werden).

Auskunft über „Herrenbesuche"

Zur Räuberbraut abgestempelt

Katharina sucht Konfrontation mit Tötges

Am vermeintlichen Ende der Geschehnisse – Götten ist gefasst, ihre Vernehmungen sind beendet – sucht sie die Konfrontation mit dem *ZEITUNG*sreporter Tötges, dem Menschen, „der mein Leben zerstört hat“ (S. 134).[6] Dabei geht sie wie auch sonst planvoll vor: Zunächst will sie ihn beobachten und besucht daher das Journalistenlokal, in dem sie ihn vermutet. Dann fährt sie zu ihrer Wohnung, dem verabredeten Treffpunkt. Dort trifft Tötges schon nach wenigen Minuten ein. Katharina hatte sich jedoch vorbereitet: Sie entsicherte die Pistole und platzierte sie griffbereit in ihrer Handtasche. Ob sie die Pistole zum Zweck des Angriffs oder der möglichen Verteidigung lud, ist nicht klar. Tatsächlich wendet sie sie dann in einer Art Notwehrsituation an, nämlich nachdem Tötges ihr unmittelbar an die Wäsche will. Sie schießt mehrfach auf ihn, wie oft genau, daran kann oder will sie sich nicht erinnern. Dieser Tötungsvorgang bleibt in ihrem sonst numerisch so genau arbeitenden Gehirn ungenau. Sie entflieht ihrer nun entweihten Wohnung und sucht Ruhe und Unterschlupf im Karnevalstreiben, was ihr nicht gelingt. Schließlich sieht sie als unbescholtene und gesetzestreue Bürgerin keine Alternative, als sich der Polizei zu stellen. Sicher handelt sie auch in Erwartung der Haft, der gleichen Situation, in der sich ihr „geliebter Ludwig“ befindet.

Katharina stellt sich der Polizei

Katharina Blum: Charakterisierung durch Freunde

Beruflich initiierte Freundschaften

Katharinas Freundschaften – im Wesentlichen mit Else Woltersheim, Konrad Beiters und den Blornas – werden über berufliche Kanäle geknüpft bzw. gepflegt. Ihre „Tante“ Else Woltersheim kennt sie zwar von klein auf, intensiver wurde der Kontakt vermutlich seit Besuch der Hauswirtschaftsschule in Kuir. Else Wol-

---

6 Katharinas Reaktion auf die *ZEITUNG*sdarstellungen: siehe nachfolgendes Teilkapitel „Charakterisierung durch Freunde“

tersheim beurteilt Katharina dann auch als beruflich „über jeden Zweifel erhaben“ (S. 64) und als „organisatorisch, kalkulatorisch und auch was die ästhetische Seite betreffe, aufs beste gebildet und ausgebildet“ (S. 65). Sie kennt Katharinas Privatleben, ist von ihr informiert über die Herrenbesuche, aber die langen Autofahrten an den verregneten Wochenenden hat ihr Katharina verheimlicht. Else Woltersheim erkennt die Zerstörung, die die Vernehmungen und Darstellungen der *ZEITUNG* für Katharina mit sich brachten. Sie sieht ihr Desinteresse an ihrer doch für sie vorher so wichtigen Eigentumswohnung. Sie und Konrad Beiters sind Zeugen, als Katharina als Ausdruck ihrer Aggressivität zunächst ihre Wohnung demoliert. Es scheint, als wolle sie ihre saubere und gepflegte Rückzugsmöglichkeit – quasi als materialisiertes Inneres – beschmutzen, um das Gleichgewicht zwischen ihrer persönlichen Innen- und Außenwelt wieder herzustellen. Katharina fürchtet die anonymen Telefonanrufe, die Post. Sie sucht einerseits Schutz bei ihrer Tante, andererseits will sie auch wissen, was man ihr bzw. über sie schreibt. Else Woltersheim kennt auch die Hintergründe von Katharinas Geschichte und bewundert sie dafür, dass sie es geschafft hat, die unglückliche Kindheit und die misslungene Ehe hinter sich zu lassen. Trotz dieser Verhältnisse ist Katharina vom Tod der Mutter sichtlich getroffen. Derart hatte sie ihn sich nicht vorgestellt.

Else Woltersheims Charakterisierung von Katharina

Ihre Arbeitgeber belegen Katharina mit den Attributen ruhig, kühl, planvoll, freundlich, hilfsbereit, klug, ordentlich. Also eine Idealbesetzung als Haushaltshilfe. Trude Blorna ordnet ihr noch „zwei lebensgefährliche Eigenschaften zu: Treue und Stolz“ (S. 85). Blorna, dessen Männerherz durch Katharina erfreut ist, findet sie „einmalig nett, nicht leichtfertig und doch liebesfähig, ernst und doch jung und so hübsch“ (S. 87). Mit Bestürzung sehen ihre Freunde die Veränderungen während der Tage seit Weiberfast-

Charakterisierung durch Katharinas Arbeitgeber

nacht an ihr und versuchen ihr zu helfen. Außer bei Formalia wie dem Rechtsbeistand und der Treuhänderschaft durch Blorna lehnt sie diese Hilfe ab. Sie zeigt keine Reue und in Anerkennung der Rechtmäßigkeit ihrer Haft ist sie eine vorbildliche Gefangene, der ein gefürchteter Ruf der Korrektheit voraneilt. Katharina ist vor Prozessbeginn mit ihrer Umwelt versöhnt, arrangiert sich mit den Verhältnissen und kalkuliert auf deren Grundlage eine ferne Zukunft.

Fehlende Reue

Katharina Blum: Charakterisierung durch die *ZEITUNG*

„Räuberliebchen“, „Mörderbraut“

In der *ZEITUNG* wird Katharina völlig anders dargestellt. Aufgrund ihrer Beziehung zu Götten wird sie als „Räuberliebchen“ (S. 36), „Geliebte“ (ebd.) und „Mörderbraut“ (S. 39) bezichtigt. Die *ZEITUNG* bemüht sich, ihr linksradikale Attribute als „Erbkrankheit“ zuzuschreiben: Der Gemmelsbroicher Pfarrer unterstellt, ihr Vater sei bereits ein „verkappter Kommunist“ (S. 36) gewesen. Ihren Ex-Ehemann Wilhelm Brettloh zitiert die *ZEITUNG* mit den Worten: „So müssen falsche Vorstellungen von Sozialismus ja enden“ (S. 41). Im weiteren Verlauf des Artikels wird Katharina als radikal und kirchenfeindlich bezeichnet, weswegen sie Brettloh, der der Gewerkschaft misstraut, verlassen habe. Frau Dr. Blornas Vergangenheit als „rote Trude“ (S. 42) der Studentenzeit wird hervorgekramt. Die *ZEITUNG* mutmaßt, Katharinas Wohnung sei Konspirationszentrum, Bandentreff, Waffenumschlagplatz, und Katharina selbst agiere im Auftrag einer Linksgruppe.

Informelle Details der Vernehmungen werden verdreht und veröffentlicht: Ihre Autofahrten sollen dem Ausfindigmachen geeigneter Orte dienen und Geheimnisvolles vorbereiten. Sie soll den Tod ihrer Mutter verursacht haben – eiskalt und berechnend (S. 113). Ihre Arbeitgeber hat sie getäuscht, aufgrund ihrer nuttigen Art musste sie entlassen werden.

Die *ZEITUNG* bastelt ihr eigenes Bild von Katharina Blum: Eine planvolle, skrupellos handelnde Person, die ihre Umwelt ausnutzt, um linksradikale politische Ziele mit Waffengewalt und Sex durchzusetzen, dabei Regeln des menschlichen Miteinanders missachtend; jemand, der vor nichts zurückschreckt. Für die wahre Katharina muss die Berichterstattung ein Schock gewesen sein: Gesellschaftlich angepasst, den Zielen der wachstumsorientierten sozialen Marktwirtschaft verpflichtet, gesetzestreu, scheu im menschlichen Umgang, prüde im Umgang mit Männern ist sie durch die diffamierende Schreibe der *ZEITUNG* in ihren Grundfesten erschüttert.

Darstellung als skrupellose Linksradikale

Dr. Hubert Blorna

Der Rechtsanwalt ist – zusammen mit seiner Frau – der Arbeitgeber Katharina Blums. Darüber hinaus ist er ihr jedoch freundschaftlich verbunden, mehr noch: Er verehrt sie. Aus Dankbarkeit dafür, dass sie ihn und seine Frau von dem hauswirtschaftlichen Chaos, das die beiden Akademiker nicht in den Griff bekamen, errettet hat, behandeln sie Katharina mehr als Freundin denn als Hausangestellte. So hilft er ihr bei der Berechnung von Finanzierung, Amortisation und Verzinsung ihres Apartments und stellt ihr auch einen Privatkredit (S. 25) über 30 000 DM. Sein Büro erledigt Katharinas Steuererklärung. Blornas und Katharina Blum unterstützen sich also gegenseitig darin, den Alltag zu meistern. So ist es denn auch selbstverständlich, dass sie ihren Urlaub abbrechen, auf den sich Blorna „so lange gefreut hat" (S. 34), um Katharina beizustehen. Blorna, der Katharina für eine „kluge und kühle Person" hält (S. 35) und „sehr, sehr an ihr hängt" (S. 38), wird durch diese Beziehung in das Geschehen mit hineingezogen. Er, der – im Gegensatz zu seiner Frau – noch am Sonntagmorgen glaubt, jetzt sei alles vorbei (S. 117), will Katharina zunächst vom Interview

Dankbarkeit und Verehrung für Katharina

Finanzielle Unterstützung

mit Tötges abbringen, was ihm aber nicht gelingt. Durch den ZEITUNGsartikel vom Sonntag ist er, dessen Verhältnis zu Katharina vor allem emotional bestimmt ist und mit Begriffen wie „Respekt", „liebevolle Ehrfurcht" und „Unschuld" (S. 87) beschrieben wird, vom Geschehen selbst betroffen. Wie Katharina will er zunächst mit Gewalt reagieren – er ist dabei, einen Molotow-Cocktail zu bauen, wird dabei jedoch von seiner Frau gebremst, die stattdessen zu ihren Mitteln greift (vgl. nachfolgende Charakterisierung von Trude Blorna). Später übernimmt er Katharinas Verteidigung und auf deren Bitten auch Ludwig Göttens. Als Vermögensverwalter kümmert er sich um Katharinas Wohnung. Dieses weitere Engagement für Katharina hat weit reichende Konsequenzen für ihn (und auch für seine Frau): Wie eine Folge von Sippenhaft entzieht ihm die Lüstra (Lüding und Sträubleder Investment) nach und nach alle lukrativen Aufträge. Die *ZEITUNG* lässt ihn und seine Frau nicht aus dem Visier. Er – kein provinzieller, sondern „durch und durch weltläufige[r] Mensch" (S. 118), ein „Liberaler mit Bonvivant-Zügen" (S. 124) – verändert sich infolgedessen stark: Er erleidet finanziell starke Einbußen, reagiert mit Magenschmerzen und vernachlässigt seine Körperpflege mehr und mehr. Der ehemalige lebenslustige Gastgeber von beliebten Parties (ebd.) ist wirtschaftlich auf Talfahrt, emotional in einer hoffnungslosen Liebe zu Katharina gefangen (S. 132). Für ihn ist das Geschehen besonders tragisch, da seine Lebenswirklichkeit sich stark verändert hat und psychisch kein Ausweg für ihn vorhanden ist.

Emotionale Bindung an Katharina

Private und berufliche Probleme

Trude Blorna

Scharfsinnige Realistin

Die Ehefrau Blornas ist eine scharfsinnige Realistin. Die Architektin verhalf Katharina zu einer Eigentumswohnung ihres Auftraggebers. Sie steht ihr freundschaftlich-vertraut gegenüber. So berechnet sie Katharinas Verpflegung nicht, steckt ihr sogar häufig Lebensmittel zu (S. 25). Sie erläutert ihrer Haushälterin auch, da Katharina so von den ausliegenden Bauzeichnungen fasziniert ist, wie das Versorgungssystem des Apartmentkomplexes funktioniert. Mit Hilfe dieser Kenntnisse kann Katharina später Ludwig Götten zur Flucht verhelfen. Trude Blorna erkennt als erste die Dimension des Geschehens: Sie „wittert großes Unheil“ (S. 39) und artikuliert: „Es wird nie mehr so sein. Sie machen das Mädchen fertig.“ (S. 40). Sie, deren scharfe Zunge bekannt ist, bezeichnet die *ZEITUNG* als „Pest“ (S. 83). Ihr Mann ist ihr als Kriminalanwalt lieber denn als Industrieanwalt (S. 84) – eine Aussage, bei der die frühere „rote Trude“ (S. 42), als die sie an einer Hochschule bekannt war, sichtbar wird. Sie erkennt die Zusammenhänge zwischen dem Herrenbesuch und dem Studienfreund ihres Mannes, Alois Sträubleder. Auch zieht sie aufgrund der Artikel in der *ZEITUNG* den Schluss, dass Sträubleder und Lüding im Hintergrund gegen sie und ihren Mann agieren, so dass sie bei Lüding anruft und ihn beschimpft. Sie verwendet dazu jedoch keine Fäkalsprache wie die Vertreter von *ZEITUNG* und Polizei, sondern benutzt einen Vergleich aus dem Tierreich („Sie Schwein, Sie elendes Ferkel“, S. 119). Die wortgewandte Frau wendet sich allerdings auch gegen Sträubleder, bei seinem Besuch am Sonnabend, und gegen seine Frau während der späteren Vernissage. Ihre realistische Art hilft ihr das Geschehen einzuschätzen und entsprechend zu reagieren: So kümmert sie sich um ihren Mann (S. 124) und – da ihr Arbeitgeber gegen sie prozessiert – sucht sie eine neue Stellung, gegebenenfalls auch in niedrigerer Position und schlechter dotiert als ihre bisherige Tätigkeit (S. 132). Dennoch scheint es für sie kaum neue Möglichkeiten zu geben, da sie dabei stets mit der Gesellschaftsschicht zu tun hätte, mit der sie sich überworfen hat.

Unbeabsichtigte Fluchthilfe

Verbale Angriffe auf Lüding, und Sträubleder

Beruflicher Abstieg

Else Woltersheim

Biografische Angaben

Else Woltersheim, die „Patentante, Freundin und Vertraute" (S. 15) Katharina Blums, ist eine entfernte Kusine ihrer Mutter (S. 28). Sie ist 1930 als uneheliches Kind einer Arbeiterin (S. 116) in Kuir (S. 22) geboren. Ihre Mutter lebt freiwillig in der DDR, ihr Vater ist 1932 in die Sowjetunion emigriert und dort verschollen (S. 116), er gilt als Stalinismusopfer (S. 128). Zum Zeitpunkt des Geschehens ist sie 44 Jahre alt, unverheiratet und als undiplomierte Wirtschafterin u. a. im Prüfungsausschuss der Handwerkskammer tätig (S. 62). Sie unterstützt und hilft Katharina – gegebenenfalls auch finanziell. Früher war sie ihre Ausbilderin an der Hauswirtschaftsschule in Kuir. Sie ist mit Konrad Beiters befreundet, ihre Beziehung festigt sich während des Geschehens (S. 112). Der Altnazi Beiters konnte „seinerseits etwas für ihre Mutter tun" (S. 133), als er politischer Leiter in Kuir war. Durch ihn kommt Katharina zur Mordwaffe. (S. 133)

Selbstbewusste Verteidigung Katharinas

Else Woltersheim tritt stets selbstbewusst auf: So spricht sie Katharina direkt auf die von ihr begangene Strafvereitelung an (S. 59). Der Polizei gegenüber beklagt sie die Weitergabe von Vernehmungsdetails an die Presse (S. 62) und sie verbittet sich die Belehrung durch einen jüngeren Herrn (S. 65). Dabei bleibt sie ruhig und behält Contenance, wodurch ihr Auftreten noch wirkungsvoller ist. Gerade an dieser Stelle bleibt der Charakter von Else Woltersheim jedoch blass: Sie ist nicht in der Lage, dem Hinweis auf die Pressefreiheit mit dem Recht auf Unversehrtheit der Person zu kontern. Stattdessen beharrt sie auf einer konservativen Position des „guten Benehmens". Den folgenden Widerspruch der Untersuchungsbehörde kann sie nicht erwidern. Hier wird der Rahmen deutlich, innerhalb dessen sie sich artikulieren und bewegen kann. Sie verhält sich der Untersuchungsbehörde gegenüber „feindselig" (S. 62) und lässt deren Vertreter durch ihren „anklagenden

Intellektuelle Überforderung bei Katharinas Verteidigung

Redefluss" (S. 63) kaum zu Wort kommen. Dennoch ist sie nicht in der Lage, Beizmennes Verschwörungstheorie zu entschärfen.

Vertraute und Fürsprecherin Katharinas

Sie fungiert als Vertraute und Fürsprecherin Katharinas: Sie selbst hält sich über Katharinas Leben bis ins letzte Detail für informiert (S. 63), weiß allerdings nichts über deren einsame Autofahrten (ebd.). Auch sieht sie Katharina – die sie seit ihrer Geburt kennt – beim Tod ihrer Mutter zum ersten Mal weinen (S. 107). Sie erkennt und formuliert, dass „ein junges Leben zerstört" (S. 62) wird und benennt die psychischen Folgen des Geschehens für Katharina. Sie steht Katharina in diesen Tagen bei, indem sie sie zur Vernehmung am Freitag und ins Krankenhaus nach Kuir begleitet, ihr nachts ein Bett bietet und sie abzulenken und zu trösten versucht. Sie kann Katharina jedoch nicht vor der Gesellschaft schützen: Katharina entdeckt die anonyme Post, obwohl Woltersheim sie ihr entreißen will (S. 77). Sie scheitert daran, Katharina von ihrer Post abzulenken (S. 80). Auch schafft sie es nicht, Katharina vor der Samstagsausgabe der *ZEITUNG* zu bewahren (S. 82). Bei der *SONNTAGSZEITUNG* versucht sie es gar nicht mehr (S. 112).

Verbitterung am Ende

Später führt das Geschehen bei ihr zur „Verbitterung" (S. 128). Sie macht die oberen Zehntausend indirekt dafür verantwortlich, dass sie als Steuerzahlerin so wenig politischen Einfluss hat. Dieser sozial-romantische Zug führt bei ihr zu Gewaltfantasien gegenüber den Partygesellschaften, die sie engagieren. Selbst der vermeintlich gesellschaftskonforme (S. 133) Konrad Beiters kann ihre Wut nicht mildern.

3.5 Sachliche und sprachliche Erläuterungen

S. 8	**Konduktion**	Leitung, Verbindung
	Dränage	Entwässerung des Bodens durch Grabensystem
S. 12	**Brumme**	Braut, Freundin
	Sakrileg	Ungebührliche Handlung
S. 14	**Amortisation**	Tilgung einer Schuld
	Aktiva	Vermögenswerte
	Passiva	Schulden, Verbindlichkeiten
	Asservaten-kammer	Raum im Gericht zur Beweismittelaufbewahrung
S. 19	**Sexklemmer**	verklemmter, prüder Typ
S. 21	**Saturnalien**	ausgelassenes Fest
S. 23	**Trommlerkorps**	Schlagzeuggruppe bei Karneval oder Schützenfesten
S. 25	**Traiteur**	Stadtkoch, Partyservice
S. 37	**Sakristei**	Nebenraum in Kirche für Geistliche
S. 41	**tritschen**	ugs.: abhauen, flöten gehen
S. 42	**Altphilologe**	Sprach- und Literaturwissenschaftler für alte Sprachen
S. 64	**Buffetismus**	Zunahme von Parties, auf denen Buffets angeboten werden
S. 74	**Quartier-macherin**	Person, die Unterkünfte anbietet
S. 81	**Burnus**	Kapuzenmantel der Beduinen
S. 83	**ambulieren**	spazierengehen
S. 99	**Palatschinken**	Pfann-, Eierkuchen
S. 100	**Serenade**	Abendmusik
	Arie	Sologesangsstück einer Oper

S. 106	**Marxistin**	Anhängerin von Marx' / Engels' Sozialismus
	Strukturproblem	grundlegendes gesellschaftliches Problem
S. 115	**Annalen**	Jahrbücher
S. 118	**Molotow-Cocktail**	benzingefüllte Flasche als Handgranate
S. 122	**Substruktur**	Unterbau, Grundlage
S. 124	**Bonvivant**	Lebemann
S. 128	**Stalinismus**	hier: Stalins Herrschaft in UdSSR (1927-1953)
	Seeger	ugs. Pinkler, Seiher
	Petit-Fours	kleine mundgerechte Törtchen
S. 135	**Kledage**	ugs. Kleidung

3.6 Stil und Sprache

ZUSAMMEN-FASSUNG

In Bölls Erzählung sind im Wesentlichen zwei Erzählhaltungen vorhanden:

- → Der fiktive Erzähler wirkt als neutraler Berichterstatter.
- → Die *ZEITUNG*sartikel sind im Stil der Boulevardpresse verfasst.

Die Personennamen wurden bewusst gewählt und ergänzen die Charaktermerkmale der Personen.

Die Sprache des Erzählers

Erzähler als neutraler Berichterstatter?

Der fiktive Erzähler wirkt zunächst als neutraler Berichterstatter. Im ersten Kapitel benennt er selbst den vorliegenden Text als Bericht und erweckt durch das Aufzählen der (ebenfalls fiktiven) Quellen den Anschein einer wissenschaftlichen oder doch zumindest inhaltlich nachprüfbaren Niederschrift. Er gibt vor, objektiv zu berichten: „‚Auch mit diesem Herrn dort' – sie zeigte auf Hach, der tatsächlich errötete, ‚habe ich gelegentlich getanzt.' Die Frage, ob auch Hach zudringlich geworden sei, wurde nicht gestellt." (S. 29)

Subjektive Erzähler-kommentare

Der Wortlaut Katharinas mag hier dem Protokoll entnommen sein, eventuell auch noch ihr Zeigen auf Hach, obwohl dieses schon weit hergeholt erscheint. Das Erröten des Staatsanwalts Hach ist jedoch sicherlich nicht im Protokoll vermerkt. Die Bemerkung über die nicht gestellte Frage hat nichts mehr mit objektiver Berichterstattung zu tun, es handelt sich statt dessen um einen subjektiven Kommentar, der – um nicht gleich erkannt zu werden – in passiver Form im Stil deutscher Behördensprache artikuliert ist.

Der Erzähler versucht sich im Hintergrund zu halten, an einigen Stellen tritt er jedoch deutlicher hervor, z. B.: „Es passiert zuviel im

Vordergrund, und wir wissen nichts von dem, was im Hintergrund passiert. Könnte man sich die Tonbänder mal vorspielen lassen!" (S. 100)

An dieser Stelle tritt der Erzähler mit den Personalpronomina „wir" und „man" auf, bleibt jedoch unerkannt. Er reflektiert über seinen Bericht, also über seine eigene Tätigkeit, und erweckt den Anschein, als könne er als Außenstehender nicht aktiv in das Geschehen eingreifen.

Subjektiver Erzähler vor allem an Ironie erkennbar

So entsteht beim Leser die Vorstellung, dass es sich um tatsächlich Geschehenes handelt, das der Erzähler neutral zu berichten versucht. Der subjektive Anteil des Erzählers wird jedoch insbesondere auch in den ironisch-satirischen Passagen, so z. B. im 5. Kapitel zur Wirtschaftlichkeit des Karnevals aus der Sicht des Karnevalsfunktionärs und im 41. Kapitel in der Reflexion zur Telefonüberwachung deutlich.

Die Sprache der *ZEITUNG*

Sprachliche Mittel in *BILD-Zeitung*smanier

Böll erweckt den Anschein, als übernähme der Berichterstatter-Erzähler die *ZEITUNG*sartikel als direkte Zitate. Demnach sind solche Passagen im Stil der Boulevardpresse, ähnlich dem der *BILD*-Zeitung, unter Verwendung entsprechender Stilmittel verfasst.

SPRACHLICHES MITTEL	WIRKUNG	TEXTBELEG
Verwendung von Schlagwörtern	direkte Diffamierungen	„Räuberliebchen", „Mörderbraut" (S. 36)
Spekulationen im Konjunktiv	Aufstellen von Behauptungen, Verwendung von Unbewiesenem	„Der Bandit (...) hätte verhaftet werden können, hätte nicht (...) Die Polizei vermutet, (...)" (S. 36)

SPRACHLICHES MITTEL	WIRKUNG	TEXTBELEG
Bezeichnung eines Menschen durch bestimmten Artikel	Herabsetzung	„die Blum" (S. 36)
Rhetorische Fragen	Aufstellen von Behauptungen	„War ihre Wohnung ein Konspirationstreff (...)?" „Wie kam die (...) Hausangestellte (...)?" (S. 37)
Metapher	Vergleich mit Fußballsport	„DIE *ZEITUNG* BLEIBT WIE IMMER AM BALL!"
Lüge	Schuldzuweisung für Maria Blums Tod an Katharina statt Zugabe der eigenen Schuld	„Als erstes nachweisliches Opfer (...) kann man jetzt die Mutter bezeichnen" (S. 113)
Wiederholung	Ins Gedächtnis Rufen bekannter Fakten	„Immer noch ungeklärt: ihr rascher Aufstieg und ihre hohen Einkünfte" (S. 113)
Scheinbehauptung	Erwecken eines Anscheins von Objektivität	„Es liegen (...) Informationen vor, die fast schlüssig beweisen (...)" (S. 114)

Subjektive *ZEITUNG*s-berichte

Für die in obiger Tabelle dargestellten sprachlichen Mittel in der Erzählung lassen sich mitunter noch weitere Textbelege finden. Es wird deutlich, dass der Berichtsstil der *ZEITUNG* subjektiv-sensationsheischend gefärbt ist.

Symbolik der Namensgebung

Die Personennamen sind bewusst gewählt und ergänzen die Charaktermerkmale der Personen.

NAME	BEDEUTUNG
Katharina Blum	gr. „katharos“: rein, sauber mhd. „bluome“: bildl. das schönste, beste seiner Art, Jungfräulichkeit
Gertrud Blorna	ahd. „ger“: Speer + ahd. „trud“: Kraft, Stärke lat. „flor“: Blume vgl. Katharina Blum
Hubert Blorna	ahd. „hugu“: Gedanke, Geist + ahd. „berath“: glänzend lat. „flor“: Blume vgl. Katharina Blum
Götten	Assoziation zu „Gott“: „er war es eben, der da kommen sollte“ (S. 59)
Tötges	Assoziation zu „Tod“: der „Todesherbeiführer“ (S. 102)
Beizmenne	mhd. „beizen“: mürbe machen menne: Mann
Brettloh	Assoziation: steif wie ein Brett, roh
Sträubleder	Assoziation: zäh wie Leder, sich sträubend
Woltersheim	-heim: Assoziation zu Zuhause, Heimat

Ortsnamen erfunden

Die Ortsnamen Gemmelsbroich, Oftersbroich, Kuir sind frei erfunden, erinnern aber in ihrer Namensgebung durch die Endung -broich (mhd.: Bruch, sumpfiges Gelände) bzw. die Vokalkombination „ui“ an linksrheinische Ortsnamen in der Nähe von Köln.

Wortspiel „Zur Goldente“

Eine schöne Anspielung stellt der Name des Journalistenlokals „Zur Goldente“ dar, in dem Katharina auf Tötges wartet. Eine „Ente“ ist gemeinhin eine falsche Zeitungsmeldung, eine „Goldente“ liegt dann vor, wenn man mit falschen Berichten Gold bzw. Geld macht, wie eben die hier angegriffene *ZEITUNG*.

3.7 Interpretationsansätze

ZUSAMMENFASSUNG

Die Erzählung stellt die Machenschaften der Boulevardpresse dar (1.), sie spiegelt die bundesrepublikanische Gesellschaft in den frühen 70er Jahren wider (2.), sie erhebt einen aufklärerischen Anspruch (3.) und untersucht schließlich die Wirkungsmechanismen und die Wirkungsmächtigkeit von Sprache (4.)

Kritik am Boulevardjournalismus

Anspielung auf *BILD*-Zeitung

Offensichtlich handelt es sich bei der vorliegenden Erzählung *Die verlorene Ehre der Katharina Blum* um eine Kritik an der Boulevardpresse. Schon im Motto weist Böll auf die „unvermeidlichen Ähnlichkeiten" (S. 5) mit der *BILD*-Zeitung hin.

Die Gemeinsamkeiten der *ZEITUNG* aus der Erzählung und der *BILD*-Zeitung[7] stechen ins Auge: Riesenfotos, Riesenlettern, rote Anstreichungen, um Prädikate und Artikel verkürzte Sätze, Verwendung von Umgangssprache, aber auch von hohem sprachlichen Niveau wie bei „(...) nur ein bescheidenes Glück, wie es ein redlicher Arbeitsmann zu bieten hat (...)" (S. 41), direkte Ansprache des Lesers („... stets bemüht, Sie umfassend zu informieren (...)", S. 40) auf sprachlich-syntaktischer Ebene, Verdächtigungen, Unterstellungen, Übertreibungen bis hin zur Lüge auf inhaltlicher Ebene.

„Artikulationshilfen"

Die *ZEITUNG* greift in ihrer Darstellung auch auf „Artikulationshilfen" zurück, die der findige Reporter Tötges „einfachen Menschen" (S. 103) angedeihen lässt, zu denen im Zweifelsfall jedoch

7 Sie treffen jedoch nicht nur auf den bundesweiten Marktführer, sondern auch auf die anderen Erzeugnisse des Sensationsjournalismus zu.

	Die Erzählung als
Der Autor übt →	4. Sprachkritik
Der Autor gibt →	3. Anleitung zur Aufklärung
Der Autor zeigt uns →	2. Abbild der 70er-Jahre-BRD
Der Autor gibt →	1. Darstellung von Arbeitsweise und Wirkung des Boulevardjournalismus

nicht nur die Putzfrau Maria Blum gehört (Aus deren „Warum musste das so enden, warum musste das so kommen?" Tötges „So musste es ja kommen, so musste es ja enden" (S. 103) machte), sondern auch der Rechtsanwalt Dr. Blorna oder der Oberstudiendirektor Hiepertz. So sagte ersterer „Katharina ist eine sehr kluge und kühle Person" (S. 35), um dann in der *ZEITUNG* zu lesen, Katharina sei „eiskalt und berechnend" (S. 36). Aus Hiepertz' Äußerung „Wenn Katharina radikal ist, dann ist sie radikal hilfsbereit, planvoll und intelligent – ich müsste mich schon sehr in ihr getäuscht haben, und ich habe eine vierzigjährige Erfahrung als Pädagoge hinter mir und habe mich selten getäuscht" (S.42) wird im *ZEITUNG*sjargon „Eine in jeder Beziehung radikale Person, die uns geschickt getäuscht hat" (ebd.). Die *ZEITUNG* richtet, wo sie kann: Der Gemmelsbroicher Pfarrer, der aus Barmherzigkeit Katharinas Mutter beschäftigt haben will, traut Töchtern von „verkappten Kommunisten"(S. 36) alles zu. Ein redlicher Arbeiter fürchtet Kirchenfeindlichkeit und misstraut der Gewerkschaft. Notfalls gibt die *ZEITUNG* vor, Kenntnisse zu besitzen, die es nicht gibt, um ihre Theorien mit angeblichen Informationen zu stützen: „Es liegen inzwischen der *ZEITUNG* Informationen vor, die fast schlüssig beweisen: nicht sie erhielt Herrenbesuch, sondern sie stattete unaufge-

Verurteilung Katharinas durch *ZEITUNG*

fordert Damenbesuch ab, um die Villa auszubaldowern" (S. 114). Tatsachen werden verdreht und verfälscht, damit die *ZEITUNG* – analog zu ihrem real existierenden Vorbild – sich als Ware Tag für Tag am Kiosk interessant darstellt und verkauft wird. Die *ZEITUNG* besitzt dabei – wie ihre Vorlage *BILD* – in einigen gesellschaftlichen Kreisen Monopolstellung, so stellt Katharina Blum fest: „Wer liest das schon? Alle Leute, die ich kenne, lesen die *ZEITUNG*!" (S. 61). Die *ZEITUNG* prangert Katharina an, unter Vorgabe einer angeblichen Informations- und Schutzpflicht ihren Lesern gegenüber, und übt dadurch massiven psychischen Druck auf ihr Opfer aus.

Meinungsmonopol der *ZEITUNG*

Spiegel der Gesellschaft: Die BRD in den 70er Jahren

Verdächtigung als „linksradikal"

Die *ZEITUNG* nimmt dabei in ihrer Berichterstattung politische Wertungen vor: Katharina Blum wird politisch gesehen links eingeordnet. Ihr Vater war „ein verkappter Kommunist" (S. 36). Ihr geschiedener Ehemann klagt an: „ So müssen falsche Vorstellungen vom Sozialismus ja enden" (S. 41). Blorna wird durch die Worte „der sich gelegentlich als ‚links' bezeichnet" (S. 43) charakterisiert, später offen als „roter Anwalt" (S. 122) tituliert. Seine Frau wird „rote Trude" (S. 42) genannt. Katharina selbst wird als eine „in jeder Hinsicht radikale Person" etikettiert, mit Begriffen wie Konspirationszentrum, Bandentreff, Waffenumschlagplatz in Verbindung gebracht, bis schließlich vermutet wird: „Offenbar sollte die Blum im Auftrag einer Linksgruppe die Karriere von S. zerstören." (S. 114). Die Zeitung stellt hier einen kausalen Zusammenhang von vom Rechtsstaat noch nicht rechtskräftig verurteilten Verdächtigten[8] und dem Terrorismus her.

---

8 So schreibt die *ZEITUNG*: „Der seit eineinhalb Jahren gesuchte Bandit und Mörder Ludwig Götten" (S. 36), verurteilt also einen Menschen und stempelt ihn vor jedem juristischen Urteil zum Mörder – obwohl er keiner ist.

Böll verarbeitet hier Anlass und Erfahrung aus der um seinen *Spiegel*artikel *Will Ulrike Meinhof Gnade oder freies Geleit?* entfachten Debatte. Er spiegelt die Stimmung im Deutschland der 70er Jahre wider, die innenpolitisch von der Verfolgung linksradikaler Terroristen beherrscht war (vgl. Kapitel 2.2).

Verfolgung linksradikaler Terroristen

Aufklärung über Formen von Macht(-missbrauch)

Wahrheit als moralische Qualität in einer Erzählung lässt sich auf verschiedenen Ebenen erzielen: Sie kann zum einen sinnlich wahrgenommen werden („ich empfinde etwas als wahr"), zum anderen fantastisch produziert werden (aufgrund von allgemeinen logischen Gesetzen folgt eine erzählte Tatsache einer anderen). In *Die verlorene Ehre der Katharina Blum* finden beide Ebenen Anwendung: So empfindet der (vermeintliche) *ZEITUNG*sleser die sinnlich erfahrene Wahrheit der *ZEITUNG*sartikel. Er nimmt die dortige Berichterstattung als bare Münze und reagiert auf seine Weise: schweigend, mit anonymen oder namentlichen Briefen, mit anonymen Anrufen. Davon abgehoben ist die Ebene der fantastisch produzierten Wahrheit, die vom Erzähler, dem so genannten Berichterstatter hergestellt wird. Es scheint, als bediene er sich der Recherche, also einem klassischen Instrument des Journalismus, denn er untersucht die „Tatsachen" exakt und genau und vergewissert sich auch kleiner Details bis hin zu unwichtigen Aspekten („Man hörte noch ein wenig Radio miteinander, aß ein wenig Gebäck (...)", S. 112). So muss der Leser der Erzählung erkennen, dass der Berichterstatter in deutlichem Kontrast zu den Arbeitsmethoden der *ZEITUNG* agiert. Böll vermittelt seinen Lesern dadurch die Kompetenz, die Wirkungsmechanismen der Boulevardpresse zu durchschauen und zu hinterfragen.

Wahrheit der *ZEITUNG*
≠
Wahrheit des Berichterstatters

Wirkungsmechanismen der Boulevardpresse

Katharinas Schicksal ist jedoch nicht nur von der Sensationspresse, sondern auch von anderen Machthabern abhängig. Nach

Max Weber ist Macht „die Chance, innerhalb einer sozialen Beziehung den eigenen Willen auch gegen Widerstreben durchzusetzen, gleichviel, worauf diese Chance beruht."[9] Katharina Blum und die Ihren bewegen sich dabei in einem Spannungsfeld zwischen 1) staatlicher Macht (vertreten durch Polizei und Staatsanwaltschaft); 2) wirtschaftlicher Macht (vertreten durch Lüding und Sträubleder); 3) der Macht der öffentlichen Meinung (vertreten durch die Hausbewohner, die Briefeschreiber und die anonymen Anrufer) und 4) der Macht der Presse (vertreten durch die *ZEITUNG)*.

Vier Formen der Macht: staatliche; wirtschaftliche Macht; Meinungs-; Pressemacht

Als Nebenthema klingt die (tatsächlich stattgefundene bzw. stattfindende?) Verflechtung zwischen polizeilicher Ermittlungsarbeit und Journalistenrecherche der Sensationspresse an. So findet der Leser der Erzählung Phrasen und Zusammenhänge aus den polizeilichen Vernehmungen in *ZEITUNG*sartikeln wieder. Wenngleich man erfährt, dass die polizeiliche Arbeit von Erkenntnissen der *ZEITUNG*sreporter profitiert hat, so bleibt doch unklar, wie Material aus dem Polizeipräsidium zur *ZEITUNG* gelangen konnte.

Zusammenarbeit Polizei – Presse

Letztendlich missachten alle vier genannten gesellschaftlichen Mächte Katharinas Menschenwürde und ihr Recht auf Schutz der Person, vordergründig durch die Tätigkeiten von Presse und Justiz, geduldet und unterstützt durch die wirtschaftlichen Mächte und die öffentliche Meinung. Die Schüsse auf Tötges, als Verkörperung der unverantwortlichen Machtanmaßung der Boulevardpresse, sind somit die logische Konsequenz der Gewalt, die Katharina Blum erfahren musste.

Katharinas Menschenwürde verletzt

Böll warnt also in seiner Erzählung – versinnbildlicht durch den Mord an Tötges – vor einer Strafverfolgung der staatlichen

Böll warnt vor medialer Hetzjagd

9 Ritter, Joachim; Gründer, Karlfried (Hrsg.): *Historisches Wörterbuch der Philosophie*, Bd. 5: Darmstadt 1989, Spalte 611

Behörden in Kooperation mit anderen öffentlichen Instanzen. In Anbetracht der Berichterstattung um die RAF in den 70er Jahren ist dies sicher moralisch begründet, führte jedoch vor allem unter Konservativen zu einigen Kontroversen (vgl. 4. Kapitel).

Katharinas Schüsse auf Tötges sind jedoch keine Machtausübung. Sie als Einzelperson bleibt ohnmächtig angesichts der Machtverhältnisse, welche in der sie umgebenden Gesellschaft herrschen und die durch ihre Tat völlig unberührt bleibt. Die Schüsse sind lediglich eine Antwort auf die Gewalt, die sie erfahren hat, im Sinn des Untertitels *Wie Gewalt entstehen und wohin sie führen kann*. Dabei sieht Böll die Entstehung der Gewalt im Verantwortungsbereich der Presse und zeigt die Folgen einer derartigen Gewaltausübung auf. Das heißt, Katharinas augenscheinlich in den Vordergrund gerückte Mord an Tötges ist – wie im Laufe der Erzählung deutlich wird – die logische Folge einer zunächst hinter der Kulisse wirkenden Gewalt. Die hier dargestellte Gewalt wird nicht mittels einer Waffe, sondern durch Worte, durch Sprache ausgeübt.

Gewalt durch Sprache

Sprachkritik: Die Wirkung von Sprache

*ZEITUNG*s-Rufmord

Gewalttätig ist die Sprache der *ZEITUNG*: Sie verübt Rufmord, getarnt als „Artikulationshilfe“ (S. 103), prangert an, lügt. Auch Katharinas Konflikte mit der Polizei sind sprachlicher Natur. Empfindet Katharina eine Berührung als zudringlich, so bezeichnet die Polizei diese Vorgänge als Zärtlichkeiten (S. 30). Katharina differenziert im Gegensatz zur Polizeibehörde die Begriffe Güte, Nettigkeit und Gutmütigkeit. Das unterschiedliche Verständnis des Begriffes „bumsen“ löst schließlich die konkrete Gewalt – die Schüsse auf den Reporter – aus: „‚Was guckst du mich denn so entgeistert an, mein Blümelein – ich schlage vor, dass wir jetzt erst mal bumsen.’ Nun, inzwischen war ich bei meiner Handtasche,

Katharinas Ohnmacht gegenüber gesellschaftlicher Macht

und er ging mir an die Kledage, und ich dachte: ‚Bumsen, meinetwegen', und ich hab' die Pistole rausgenommen und sofort auf ihn geschossen." (S. 135)

Vulgärsprache von Polizei und *ZEITUNG*

versus

Katharinas Sprachsensibilität

Dem Verlust der persönlichen Ehre Katharinas entspricht der Verlust an Sprache für die Gesellschaft. Der zunehmend vulgären Sprache – verkörpert durch die vorherrschenden Machtinstanzen – wie „ficken" und „Sexklemmer" (S. 19), „bumsen" (S. 135) stehen veraltet wirkende tradierte Begriffe wie „innig" (S. 17), „Zärtlichkeit" (S. 30), „Ehre" (S. 60) und „Güte" (S. 30) gegenüber. Katharinas Widerstand gegen die Gesellschaft ist zunächst einmal sprachlicher Natur.

Satirisch entlarvende Erzählerpassagen

Jedoch handeln nicht nur die *ZEITUNG* und die vordergründig agierenden Personen sprachlich. Auch der vermeintlich objektive Erzähler handelt, wie unter Kapitel 3.6 ausgeführt, sprachlich. Um die aufklärerische Absicht des Werkes zu unterstreichen, benutzt er neben seiner didaktisch-entwickelnden Berichterstattersprache satirische Überspitzungen wie z. B. im Kapitel 41 über die Telefonüberwachung oder in Kapitel 5 über die Wirtschaftlichkeit des Karnevals. Böll stellt durch die Sprechweisen, d. h. den Gebrauch von Sprache durch die handelnden Personen wie z. B. der Justizbehörde oder dem Pfarrer von Gemmelsbroich („Verkappter Kommunist", S. 50) dar, wie gedankliche Strukturen sich in der Sprache widerspiegeln. Durch das Aufzeigen der Entstehung und der Wirkung des Sprachgebrauchs dokumentiert er das Gesellschaftssystem der Bundesrepublik Deutschland der 70er Jahre und wirkt so als Chronist seiner Zeit.

Sprachdokumentation als 70er Jahre-Chronik

4. REZEPTIONSGESCHICHTE

ZUSAMMEN-FASSUNG

Die verlorene Ehre der Katharina Blum ist ein Longseller. Der erste Prosatext Bölls nach Verleihung des Literatur-Nobelpreises verkauft sich seit Erscheinen – und zwar bis heute – gut. Die Literaturkritik reagierte zwiespältig – teils mit Lob, teils mit Ablehnung. Die moralische Qualität wurde meist positiv hervorgehoben, die stilistische gelegentlich bemängelt. Bereits 1975 wurde die Erzählung durch Schlöndorff und Trotta verfilmt, es existieren auch eine Bühnen- und eine Opernfassung.

4.1 *Katharina Blum* als Bestseller

Eine Woche nach Beginn des Vorabdrucks im *Spiegel* erscheint die Buchausgabe mit einer Erstauflage von 100 000 Stück. Die hohe Startauflage erklärt sich wie folgt: *Die verlorene Ehre der Katharina Blum* ist das erste erzählende Werk Bölls nach Verleihung des Literaturnobelpreises 1972. Außerdem wurde die Diskussion um den Artikel *Will Ulrike Meinhof Gnade oder freies Geleit?* medienwirksam inszeniert, so dass auch aufgrund des angekündigten Inhalts der Erzählung ein großes Interesse zu erwarten war. Die Hoffnung des Verlags Kiepenheuer & Witsch erfüllte sich: Von Anfang an erwies sich *Die verlorene Ehre der Katharina Blum* als Bestseller. Bis heute[10] sind nach Angaben der beteiligten Verlage Kiepenheuer & Witsch sowie dtv etwa 6 Millionen Exemplare verkauft worden.

---

10 Stand Mai 2010 (www.haz.de)

4.2 *Katharina Blum* im Spiegel der Literaturkritik

Positives Echo SPD-naher Zeitungen

Auch in den Feuilletons fand das Buch ein breites Echo und wurde häufig besprochen. In den SPD-nahen[11] und linken Zeitungen wurde freundlich auf die Erzählung reagiert. So schreibt Dieter Lattmann im sozialdemokratischen *Vorwärts*, dass keiner „schärfer als Böll (...) in der Bundesrepublik mit dem militanten Verleumdungsjournalismus ins Gericht gegangen" sei.[12] Er hält die Erzählung für „ein kleines Werk von scheinbar größter Einfachheit – in der verhaltenen, jedermann zugänglichen Sprache geschrieben" (ebd.). Er urteilt, dass die Erzählung, da sie die individuellen Freiheitsrechte und die Persönlichkeitsrechte des Einzelnen verteidige, die publizistische Kriminalität in Gestalt der Boulevardpresse provoziere. Die im Buch enthaltenen Satiren Bölls gegen Abhörpraktiken, Duckmäusertum und vermeintliche Vaterlandsliebe lassen ihn das Buch als Pflichtlektüre für den öffentlichen Dienst empfehlen. Katharina Blum gehöre für ihn „in die Reihe der großen Unschuldigen, die immer die Literatur bewegt haben mit den Geschichten von Verkettung und Schuld in den Niederungen einer Zeit." (ebd.)

Konservative Presse ablehnend

Anders verhält man sich in der konservativen Presse. Angesichts des Verkaufserfolgs der Erzählung stellt die zum Springer-Konzern gehörende *Welt am Sonntag* ab dem 22. September 1974 die Veröffentlichung ihrer Bestsellerliste ein. Günter Zehm kritisiert Böll in der ebenfalls zum Springer-Konzern gehörenden *Welt*. Er mutmaßt, dass die Erzählung auch treue Böll-Leser in Verlegenheit bringe. Zehm meint, die bisherige Kritik habe vor allem

---

11 Zur Erscheinung der Erzählung gab es in der Bundesrepublik ein Drei-Parteien-System, bestehend aus SPD, FDP und CDU. Die „Linke" wurde im Parlament durch die SPD repräsentiert.

12 Lattmann, S. 18

die Form der Erzählung als wenig gelungen bezeichnet. Die Untersuchung des Inhalts stehe noch an. „Umgangen wird die wichtige Frage, ob es denn möglich sei, einen guten Roman für eine schlechte Sache zu schreiben."[13]

„Guter Roman für schlechte Sache?"

Die Figur der Katharina Blum ist für ihn „ein Mägdelein so fein und rein, wie es sonst nur noch in den Romanen der Courths-Mahler vorkommt." (ebd.) Er bemängelt, dass der Konflikt einseitig auf die Kampagne der *ZEITUNG* reduziert werde, und beschuldigt Böll, mit der Erzählung den demnächst beginnenden Gerichtsprozess gegen Baader-Meinhof beeinflussen zu wollen.

Vorwurf der RAF-Prozessbeeinflussung

Bölls Erzählung findet aber auch in der etablierten unabhängigen Wochen- und Tagespresse gemischten Anklang. So lobt etwa der renommierte Philologe Walter Jens im *Hessischen Rundfunk*, dass das Geschehen in der Erzählung wohl begründet und plausibel abgeleitet sei: „Die Manier verrät hohen Kunstverstand, mit der er (...) die Verstrickungen beschreibt, in die einer geraten kann, der seinem Herzen folgen will (...). Es ist beeindruckend, mit welcher schriftstellerischen Akkuratesse (und, dabei, mit wie viel politischer Humanität) Böll die Prozessualität dieses Falles entwickelt und derart veranschaulicht, dass es eine ideologische Gewalt gibt – symbolisiert durch die *ZEITUNG* –, die so satanisch ist, dass nicht einmal das Lamm ihr gegenüber seine Unschuld zu behaupten vermag."[14]

„Politische Humanität"

Für die *Zeit* bemerkt Rolf Michaelis, dass der Schreibanlass in Bölls Biografie zu finden sei. Böll sehe sich als Fürsprecher für diejenigen, die sich gegen den Boulevardjournalismus nicht wehren können. Michaelis ist überzeugt von der moralischen Qualität der Erzählung, von der aufklärerischen Absicht, die damit verfolgt wer-

13 Zehm, S. 13
14 Jens, S. 249 f.

de. Mit der literarischen Qualität hat Michaelis jedoch Schwierigkeiten: „In der Idealisierung seines Blum-Mädchens geht Böll bis an die Grenze des literarisch Zulässigen und Überzeugenden. (...) Nicht, dass dies psychologisch nicht glaubhaft wäre, Umkrempelung einer einzigen Person durch eine einzige Liebesbegegnung; doch wird die Verwandlung der passiven, ziellos streunenden Frau in eine aktive, ihr Ich bis zum Mord verteidigende Frau nur behauptet, nicht auch literarisch verwirklicht. Überhaupt lässt sich der Verdacht schwer abwehren, die offensichtlich rasch geschriebene Erzählung, ein Nebenwerk sicher, müsse vom Erzähler durch ein Übermaß an Konstruktion legitimiert werden.“ [15]

„Übermaß an Konstruktion“

Joachim Kaiser bemängelt in der *Süddeutschen Zeitung* die stilistische Qualität des Werkes: „Noch nie hat Böll so hemdsärmelig, ja so schlampig geschrieben wie im ersten Teil dieser Erzählung. Traut sich kein Lektor mehr an seine Manuskripte?“ [16]

„Schlampig geschrieben“

Zudem beklagt er, dass Böll nur den Ton der *ZEITUNG* gelten lasse und nicht weitere Presseorgane oder Medien berücksichtige. Er sieht den Journalismus ungerechtfertigt auf einen seiner Teile reduziert und kritisiert die Schwarz-Weiß-Zeichnung der Erzählung.

Schwarz-Weiß-Zeichnung der Presse

Marcel Reich-Ranicki erkennt zwar in seiner Rezension in der *Frankfurter Allgemeinen Zeitung* stilistische Mängel, sieht aber in Bölls Darstellung der Alltagssprache große Sensibilität. Die Qualitätsdiskrepanz zwischen Inhalt und Form der Erzählung wertet Marcel Reich-Ranicki wie folgt: „Auch wenn Bölls Bücher höchst zwiespältige und fragwürdige literarische Produkte waren – und auf welchen seiner Romane treffen diese Attribute nicht zu? –, so bewiesen sie doch einen einzigartigen Blick, ein schlechthin phä-

---

15 Michaelis, S. 18
16 Kaiser, S. 76

nomenales Gespür für jene Motive, Situationen und Stimmungen, in denen ‚das Aktuelle' wie von selbst zum Vorschein kommt und anschaulich wird. Was Böll erzählt, mag besser oder schlechter sein. Aber es traf und trifft die deutsche Gegenwart mitten ins Herz. Das gilt auch für die Geschichte von der *Verlorenen Ehre der Katharina Blum*."[17]

Bölls Gespür für aktuelle Themen

Die Eigenschaft, ihre Leser zu polarisieren, ist sicher auch ein Grund für den Erfolg der Erzählung als Schullektüre. Daneben spielen der günstige Preis der Taschenbuchausgabe, die Kürze und die Handlungsdichte sowie das Identifikationsangebot durch die Figur der Katharina an die Schüler jeweils eine Rolle für die häufige Textauswahl im Deutschunterricht.

---

17 Reich-Ranicki, Literaturbeilage

4.3 Verfilmung durch Schlöndorff/von Trotta

Film chronologisch aufgebaut

Im Schulunterricht wird auch oft die 1975 erfolgte Verfilmung der Erzählung durch Volker Schlöndorff und Margarethe von Trotta zum Vergleich herangezogen. Am Drehbuch hat neben den oben Genannten auch Böll selbst mitgewirkt. Der Film erzählt im Gegensatz zum Buch streng chronologisch die fünf Karnevalstage des Geschehens. Inhaltlich wurde vor allem der Auftritt von Tötges in Katharinas Wohnung vor der Erschießung aufgewertet. Tötges hält im Film einen längeren Monolog, in dem deutlich wird, dass er Katharina und ihre Story als Marktwert, als Kaufkraftangebot an seine Leser ansieht. Insofern hebt der Film, der von Böll als eigenständiges Kunstwerk empfunden wurde[18], die Kommerzialisierung der persönlichen Geschichte Katharinas hervor und vernachlässigt – aufgrund der spezifischen Darstellungsmöglichkeiten des Films – den seelischen Konflikt der jungen Frau.

Bühnenfassung

Margarethe von Trotta verfasste auch eine Bühnenfassung der Erzählung, der aber – wie auch einer zweiten von Günter Fleckenstein – nur wenig Erfolg beschieden war. Auch die Oper *Katharina Blum* von Tilo Medek hat bislang nur wenig Resonanz erfahren.

---

18 „Böll sieht die *Katharina Blum* nicht als Verfilmung, sondern als einen selbstständigen Film." (Volker Schlöndorff)

5. MATERIALIEN

Die Thematik der Massenpresse mit ihren Manipulationsmöglichkeiten beschäftigte auch andere Schriftsteller, wie z.B. den Lyriker Horst Bienek. Er formuliert seine Anklage im aufklärerischen Sinn als *Anweisung für Zeitungsleser*:

„Anweisung für Zeitungsleser

I Prüft jedes Wort
prüft jede Zeile
vergesst niemals
man kann
mit einem Satz
auch den Gegen-Satz ausdrücken

II Misstraut den Überschriften
den fettgedruckten
sie verbergen das Wichtigste
misstraut den Leitartikeln
den Inseraten
den Kurstabellen
den Leserbriefen
und den Interviews am Wochenende

Auch die Umfragen der Meinungsforscher
sind manipuliert
die Vermischten Nachrichten
von findigen Redakteuren erdacht
misstraut dem Feuilleton
den Theaterkritikern Die Bücher

sind meistens besser als ihre Rezensenten
lest das was sie verschwiegen haben
Misstraut auch den Dichtern
bei ihnen hört sich alles
schöner an auch zeitloser
aber es ist nicht wahrer nicht gerechter

III Übernehmt nichts
ohne es geprüft zu haben
nicht die Wörter und nicht die Dinge
nicht die Rechnung und nicht das Fahrrad
nicht die Milch und nicht die Traube
nicht den Regen und nicht die Sätze
fasst es an schmeckt es dreht es nach allen Seiten
nehmt es wie eine Münze zwischen die Zähne
hält es stand? Seid ihr zufrieden?

IV Ist Feuer noch Feuer und Laub noch Laub
ist Flugzeug Flugzeug und Aufstand Aufstand
ist eine Rose noch eine Rose?

Hört nicht auf
euren Zeitungen zu misstrauen
auch wenn die Redakteure
oder Regierungen wechseln"[19]

---

19 Bienek, S. 122 f.

Die *BILD*-Zeitung erscheint täglich seit dem 24. Juni 1952. Sie agiert nach wie vor im vertrauten Feld des Boulevard-Journalismus unter Benutzung der bekannten Methoden. Der folgende 2000 im *Stern* erschienene Artikel reflektiert die Macht der „Meinungs-*BILD*ung“:

„Unser täglich Rot

An jenem Mittwoch Ende November, gegen 10.30 Uhr, verkündete *BILD*-Chefredakteur Udo Röbel eine Entscheidung, die keine 24 Stunden später ein Land erschütterte und eine Stadt traumatisierte: ‚Das ist keine unglaubliche Geschichte. Die machen wir jetzt‘, sagte er zu den *BILD*-Gewaltigen, die sich in seinem Büro im zehnten Stock des Hamburger Springer-Hochhauses versammelt hatten. (...) Es war ein schwarzer Tag an der Börse und ein schwarzer Tag für *BILD*. In viereinhalb Zentimeter großen Lettern, rund vier Millionen Mal verkauft und über elf Millionen Mal gelesen, donnerte *BILD* am nächsten Morgen: ‚Neonazis ertränken Kind‘. In der Unterzeile hieß es: ‚Am helllichten Tag im Schwimmbad. Keiner half. Und eine ganze Stadt hat es totgeschwiegen.‘

Kein anderes Blatt vermag mit solcher Wucht eine Medien-Lawine loszutreten. Auf dem Höhepunkt der Erregung über den vermeintlichen Nazi-Mord im sächsischen Sebnitz empfing der Bundeskanzler die Mutter des getöteten Joseph. *BILD*-Schlagzeilen waren es, die Zweifel an den Aussagen der trauernden Frau zerstreut und den meisten anderen Medien vorgegeben hatten, wie über den Fall zu berichten war: empört, fassungslos – und manchmal auf Kosten einer Wahrheit, die nur erfahren konnte, wer unvoreingenommen recherchierte.

Heute scheint festzustehen, dass es die ‚Rotte der Neonazis‘, die *BILD* als Täter hinstellte, nie gegeben hat. Neun Tage nach der ersten Veröffentlichung druckte *BILD* eine Erklärung von Röbel: ‚Sollten die noch laufenden Ermittlungen ergeben, dass der Stadt Sebnitz und ihren Bürgern wirklich Unrecht getan wurde, wird *BILD* nicht zögern, sich auch öffentlich zu entschuldigen.'

(...) *BILD* steht am Pranger. Angeklagt wegen eines Verdachtes, der das Massenblatt seit Jahrzehnten verfolgt: ‚*BILD* lügt'.

Der frühere *BILD*-Chefredakteur Peter Bartels spricht von einem ‚GAU'. Das Kürzel steht für ‚größter anzunehmender Unfall'.

Udo Röbel ist ein besonnener Mann und kein Scharfmacher. Ihm lagen Gutachten und Zeugenaussagen vor, Haftbefehle wurden erlassen. Er hatte Anwälte nach Sebnitz geschickt, um die Vorwürfe der Familie des toten Joseph prüfen zu lassen. ‚Wann', fragt er, ‚wann hast du schon mal fünfzehn Eidesstattliche Versicherungen?' Noch am Mittag der Veröffentlichung erhielt er neue Informationen über die Ermittlungen der Staatsanwaltschaft.

BILD sei schneller gewesen als die anderen, aber fast alle hätten im gleichen Tenor berichtet. Er glaubt nicht, dass ‚wir die Kraft haben, bestimmte Dinge zu zementieren und den Leuten einzuhämmern'. Die Macht seines Blattes spielt er herunter.

Eine unheimliche Macht: Die Hamburger Boulevardstrategen erreichen noch weit mehr Menschen, als ihr Blatt lesen. Weil es zwar immer mehr Medien gibt, diese aber immer weniger recherchieren. Die Fast-Food-Redaktionen recyceln tagtäglich das *BILD*-Material, private Radio- und Fernsehstationen plappern es nach. Eine gute Zeile, ein gutes Thema kann so bis zu 80 Prozent der erwachsenen Deutschen erreichen. Irgendwann kommen auch die ernst zu nehmenden Zeitungen und Sendungen nicht mehr daran vorbei. *BILD* legt nach, am Wochenende verdickt die *BILD am Sonntag* (*BamS*) die Geschichte. ‚*BILD*, *BamS*, Glotze', sagt Kanzler Gerhard Schröder, wenn er von der Macht der Medien spricht – oft genügt das Erste: Der Rest kommt von ganz allein.

BILD, *BILD am Sonntag* und die ebenfalls zur ‚roten Gruppe' zählende Berliner *B. Z.* regieren nicht das Land. Aber die Regierenden haben mehr als nur Respekt vor ihrem Einfluss. Außenminister Joschka Fischer sagt gelegentlich im kleinen Kreis: Gegen die rote Gruppe bei Springer könne man ‚in Deutschland nur schwer Wahlen gewinnen. Und dauerhaft kannst du gegen die auch kaum regieren.'

BILD, beobachtet ein Berliner Insider, sei ein Blizzard, also ein Naturphänomen von großer Zerstörungskraft: ‚Einen kann man überstehen. Aber nicht jeden Tag einen.' Der *BILD*-Blizzard kann jeden Winkel der Republik erreichen, nicht nur das kleine Sebnitz, wo er von vielen anderen Windmaschinen verstärkt wurde. Niemand ist vor *BILD* sicher. Egal, ob er Politik macht oder Schlager, Bankgeschäfte oder Sport.(...)

In seinem Buch *Der Aufmacher*[20] reimt Günter Wallraff über seine Erfahrungen als Undercover-Reporter bei *BILD*: ‚Sie haben gelogen und betrogen, dass sich die Balkenüberschriften bogen'. *BILD* ist für ihn das ‚Gebiss der Finsternis'. Zähne hat die Zeitung noch heute. Finster ist sie nur noch gelegentlich. Zum Beispiel, wenn sie über die Bürger von Sebnitz schreibt: ‚Wer das Gefühl hat, er könnte irgendetwas nicht bemerken, der spitzelt ein bisschen. Die Stasi-Zeit ist noch nicht lange her.' Solche Hetze ist die Ausnahme. Denn Profis wie Röbel sehen ihre wichtigste Aufgabe nicht darin, Kampagnen zu machen, sondern Auflage: ‚Der Haupt-Job des *BILD*-Chefredakteurs ist, das Thema des Tages zu finden, bei dem er die größte Massenakzeptanz sieht.' Trotzdem hat er nie eine Schlagzeile gedichtet, in der etwa die Todesstrafe gefordert wird. Die Auflagenkurve von *BILD* zeigt nach unten, vielleicht auch deshalb.

---

20 erschienen 1977 (d. Verf.)

Im Januar wird Röbel von Kai Diekmann, einem smarten Aufsteiger mit konservativer Gesinnung, abgelöst. Ein sozialdemokratischer Bundesminister sieht das als Teil der Bestrebungen im Springer-Verlag, ‚mit Blick auf die Wahlen 2002 bestimmte Leute an die entscheidenden Stellen zu bringen.' Regelmäßig lässt sich Springer-Großaktionär Leo Kirch, der schlecht sieht und selten zu sehen ist, die *BILD*-Zeitung vorlesen.

Erzkonservative Journalisten wie Georg Gafron, der künftige *B. Z.*-Chef, rücken in Spitzenpositionen auf. Michael Spreng, der liberale Chef der *BILD am Sonntag*, musste gehen. Springer-Mehrheitseigentümerin Friede Springer und der designierte Vorstandschef Mathias Döpfner richten den Verlag neu aus. Mit Leuten wie *BILD*-Hoffnungsträger Kai Diekmann, der bereits vor Jahren in *BILD* den ewigen Kanzler und Kirch-Freund Helmut Kohl nebst Gattin Hannelore besungen hat: ‚Ihr kariertes dunkelgrünes Escada-Kostüm umspielt ihren schlanken Körper.' Unbotmäßigkeiten wie bei Röbel, der in *BILD* die CDU-Spendenaffäre mit dem Abdruck langer Vernehmungsprotokolle anheizte, sind bei ihm nicht zu erwarten.

‚Die Leute, die man bei Kirch mag', sagt ein Medienmanager, ‚sitzen bald genau da, wo man sie gut findet.' Kenner des konservativen Medienimperiums berichten von Listen mit den Namen von Autoren, die Kirch schätzt und die gefördert werden sollen. Wird *BILD* stärker auf Kampagnen setzen? ‚Das müssen Sie meinen Nachfolger fragen', antwortet Röbel. Der aber schweigt und bastelt an seiner neuen *BILD*.

Was ist das für eine Macht, die von den Mächtigen, den Schönen und den Berühmten so beäugt wird? Wie ein Schwamm saugen die *BILD*-Chefs jeden Morgen die Geschichten auf, die 33 Regionalredaktionen anbieten. 800 fest angestellte und Hunderte freier Journalisten halten die Maschine unter Dampf. Am legendären ‚Balken', dem Monitor- und Schreibtischverhau im zentralen Produktionsraum, wird ein *BILD*-Provinzfürst nach dem anderen per Lautsprecher zugeschaltet. Kein Ort der Republik, so heißt es, liege weiter als 30 Minuten vom nächsten *BILD*-Reporter entfernt. Wer es mit seiner Story in die Bundesausgabe schafft, hat schon am Morgen danach mehr als sechs Millionen Menschen erreicht. Insgesamt hat *BILD* fast so viele Leser wie ‚Wetten, dass ...?' Zuschauer. Auch wenn unter ihnen solche mit Abitur klar in der Minderheit sind, spricht *BILD* alle Bevölkerungsschichten an, ist in Ministerien und Redaktionen ebenso Pflichtlektüre wie in Chefetagen.

Als letztes der alten bundesdeutschen Leitmedien hat *BILD* die Kraft, nationale Debatten über Tage zu dominieren. Röbel hat in den Augen vieler Boulevardkollegen das Potenzial der Zeitung bei weitem nicht ausgeschöpft. Die alten Kapitäne auf der *BILD*-Brücke arbeiteten nicht nach dem Motto: ‚*BILD* kämpft für Sie.' Bei ihnen galt: ‚*BILD* siegt für Sie'. (...)

Politik wird zur Show. Und die Show wird zur Politik. In der auf Personen fixierten Medienwelt schafft sich das Blatt eigene Helden. Guildo Horn war der Prototyp. ‚Darf dieser Mann für Deutschland singen?', fragte *BILD*. Und begleitete den Grand-Prix-Troubadour dann bis zur ‚letzten Fönung'. Das Echo hat die Macher überrascht, Zufall war es nicht. *BILD* hatte einen Trend gewittert – das Schlager-Revival – und ihn dann aus der Subkultur auf die erste Seite befördert. Mit Zeilen wie ‚Kühe stehen auf Guildo Horn – wenn er singt, gibts mehr Milch.' *BILD*-Sprachschöpfungen gehören auf jeden Schulhof, in jeder Kneipe zum Vokabular – vom ‚Prügelprinzen' bis zum ‚Boxen-Luder'. (...)

BILD ist längst nicht mehr die Macht des Bösen, die sie in der alten Bundesrepublik über zwei Generationen für junge Leute links der Mitte gewesen ist. ‚Springer-Presse, halt die Fresse', grölten die Studenten 1968. ‚Eiterbeulen', ‚Schreihälse', witterten die Springer-Schreiber über die revoltierende Jugend. Und eben auch: ‚Polit-Gammler Dutschke dreht an einem dollen Ding'. Ein aufgehetzter Attentäter schoss Rudi Dutschke in den Kopf. Der Studentenführer starb an den Spätfolgen. In seiner Springer-Biografie zitiert der Journalist Michael Jürgs aus einer Ansprache des Berliner Bischofs Kurt Scharf zu Ostern 1968: ‚Nicht der erst ist ein Mörder, der einen anderen totschlägt, sondern schon der, der ihn einen gefährlichen Lumpen nennt.'

Unversöhnlich, ja feindselig standen sich linke Weltverbesserer und rechte Radaubrüder gegenüber. Zehn Jahre nachdem *Die verlorene Ehre der Katharina Blum* erschienen war, bezeichnete Heinrich Böll seine Erzählung als ‚verkleidetes Pamphlet' gegen *BILD*. Er berichtet darin kühl und nüchtern, oft im Ton staatsanwaltschaftlicher Ermittlungen, über eine nicht ganz fiktive *ZEITUNG* und deren Wirkung. Eine junge Frau geht tanzen, lernt dort einen Mann kennen, der von der Polizei gesucht wird, und wird daraufhin von der Medienmaschine der Zeitung überrollt.

‚Über die Gewalt von Schlagzeilen ist noch zu wenig bekannt', klagte der Literatur-Nobelpreisträger. ‚Es wäre eine Aufgabe der Kriminologie, das einmal zu erforschen, was Zeitungen anrichten können.' (...)

Heinrich Böll wurde – anders als die *BILD*-Zeitung – in der DDR gelesen. Auch im sächsischen Sebnitz. Die *Katharina Blum* steht seit Jahrzehnten im Bücherregal von Ekkehard Schneider, dem Sebnitzer Apotheker, dessen Tochter vorübergehend unter Mordverdacht verhaftet und von *BILD* als Neonazi denunziert wurde. Schneider hat furchtbare Tage hinter sich. Er versucht zu begreifen, welche Dämonen in sein Leben und das seiner Familie eingebrochen sind. Vielleicht wird es Jahre dauern, bis er verarbeitet hat, was passiert ist. Schneider sagt: ‚Wir kannten die *BILD*-

Zeitung nicht. Wir konnten höchstens einmal im Urlaub hineingucken. Aber jetzt verstehe ich es schon. Ich glaube, ich muss den Böll noch einmal lesen.'"[21]

Dass weiterhin linke Ideologiefeindlichkeit die Berichterstattung der *BILD* verzerrt, kritisiert der folgende *Tagesspiegel*-Artikel von Ulrike Simon aus dem Jahr 2001:

„Junge Männer, alte Barrikaden

Es scheint wie ein Rückfall in Vergangenes: Plötzlich kämpfen Springer-Blätter wieder gegen eine linke Regierung und gegen die 68er. Gerade erst hat eine neue Generation Spitzenpositionen im Verlag übernommen. Bestimmen nun wieder Ideologen die Linie? (...)

Unter Chefredakteur Udo Röbel befand sich die *BILD*-Zeitung in ruhigem Fahrwasser. Nicht nur der kleine Mann, für den Verleger Axel Springer das Boulevardblatt erfunden hatte, las die Zeitung. Auch der Manager, die Dame der Gesellschaft und der junge Intellektuelle schämten sich nicht dafür, bei der Lektüre von *BILD* ertappt zu werden. Die *BILD*-Zeitung war gesellschaftsfähig geworden. Der Begriff ‚Kampfpresse', um die Springer-Zeitungen, allen voran *BILD* und *BILD am Sonntag*, im rechten Parteienlager einzuordnen, war ein Begriff aus vergangenen Tagen, aus einer Zeit, als Joschka Fischer noch nicht wusste, dass er einmal Außenminister der Bundesrepublik Deutschland werden würde.

Und dann war da noch die Sache mit der *Welt*, dem einst erzkonservativen Blatt, das sich unter dem jungen Chefredakteur Mathias Döpfner seit 1998 derart veränderte, dass selbst *Welt*-Gegner

---

21 Schmitz, Glees, Streck, S. 28 ff.

einräumten, das publizistische Flaggschiff des Axel Springer Verlages sei wirklich liberal und modern geworden.

Kaum jemand hatte bemerkt, dass bereits Döpfners Vorgänger Thomas Löffelholz ein liberaler Geist war und die konservative Schärfe aus dem Blatt genommen hatte. (...) Äußerlich allerdings war die *Welt* das graue, altbackene Blatt geblieben. Erst Döpfner schaffte durch sein öffentliches Auftreten, vor allem aber durch viel Farbe im Blatt, New-Economy-Themen und Grafiken, dass die *Welt* wieder wahrgenommen wurde. (...)

So war das noch vor einem Jahr. Seit Anfang dieses Jahres jedoch hat sich einiges geändert. Angefangen hat es mit der Diskussion um die 68er. Es stellte sich heraus, dass jene Jahre in den Köpfen der Deutschen längst nicht verarbeitet waren. Während *BILD* zu dem Zeitpunkt vor allem mit Boris Becker und dem ‚Samenraub' beschäftigt war, setzte sich die *Welt* an die Spitze der kontroversen Diskussion. Hatte sie nicht daran gedacht, dass der Springer-Konzern einer der Hauptbeteiligten dieser aufgewühlten Zeit war? Schoss sich die *Welt* selbst ins Bein?

Und gerade weil diese Zeit der ausgehenden 60er und 70er Jahre auf keiner der beiden Seiten aufgearbeitet ist, wurde wie damals emotionalisiert, überreagiert. Das Ganze gipfelte in Kanzler Schröders Attacke in der *Zeit*, Springer fahre eine Kampagne gegen die Regierung. Schon in der Woche zuvor hatte sein Sprecher Bela Anda gegen *BILD* geschossen. (...)

Statt sich in ruhigem Fahrwasser zu bewegen, kämpft Springer nun gegen starken Seegang. Davon am stärksten betroffen ist mittlerweile die *BILD*-Zeitung. Denn am Dienstag kam es zum GAU: *BILD* hatte ein Foto von Jürgen Trittin bei einer Demonstration 1994 in Göttingen veröffentlicht und die Leser mit zwei Hinweisbalken auf einen ‚Schlagstock' und einen ‚Bolzenschneider' in den Händen von Demonstranten aufmerksam gemacht. Der Artikel dazu trug die Überschrift ‚Was machte Minister Trittin auf dieser Gewalt-Demo?'. In Wirklichkeit war der angebliche Bolzenschneider jedoch nichts anderes als ein eigenwillig gemusterter Handschuh eines Demonstranten, und der Schlagstock, den ein anderer Demonstrant mit der Hand umklammerte, entpuppte sich auf den zweiten Blick als Seil. Nachdem *Süddeutsche Zeitung* und *taz* bei *BILD* recherchiert hatten, entschuldigte sich das Boulevardblatt in der Mittwochausgabe für den falschen Bildtext. Es habe sich um ein Versehen gehandelt. Dies habe die Auswertung weiterer Fotos und Videobänder ergeben.

Doch Trittin will sich mit der veröffentlichten Entschuldigung nicht zufrieden geben und spricht von Manipulation. *BILD* habe das Foto in Schwarz-weiß und beschnitten gezeigt. Dadurch sei nicht mehr wirklich zu erkennen gewesen, welche Details darauf abgebildet waren. Zum Beispiel jenes Detail, dass das gezeigte Seil von Demonstranten verwendet worden war, um ihren so genannten schwarzen Block zu umspannen und sich so vor Eingriffen der Polizei zu wehren. Tatsächlich blieb Trittin also außerhalb dieses Blocks. Es sei daher kein ‚Fehler' gewesen, sondern eine gezielte Manipulation mit dem Ziel, jemanden in Verruf zu bringen. Trittin kündigte an, er werde wegen des Vorfalls den Deutschen Presserat einschalten.

Kai Diekmann, Chefredakteur von *BILD* bleibt jedoch dabei: ‚Dieses Foto ist von uns nicht manipuliert worden, lediglich die Bildunterschrift ist falsch.' Persönlich bei Trittin entschuldigt hat sich das Blatt nicht. Vielmehr sagte Diekmann, es bleibe die politische Frage, was Trittin auf der Gewaltdemo im Jahr 1994 gemacht habe.

War es nur ein Flüchtigkeitsfehler, oder handelte das Blatt mit Vorsatz? Wie soll *BILD* da jetzt wieder rauskommen?

'Kai Diekmann ist kein Kampagnen-Journalist aus der konservativen Ecke', sagt Christoph Scheuring. Der zweifache Kisch-Preisträger ist wahrlich nicht dem konservativen Lager zuzurechnen. Und mit seiner Einschätzung Diekmanns steht er nicht allein. Wer mit Diekmann zusammenarbeitet, geht davon aus, dass er alles für Auflagenerfolg und fast alles für die Karriere tun würde. (...)

Wenn Diekmann kein Kampagnen-Journalist ist, wie viele sagen, und auch das Trittin-Foto keine Manipulation war, ist die Außenwirkung der *BILD* doch auf Dauer geschädigt. Zu erklären ist das nur so: Der ansonsten clevere, strategisch denkende Kai Diekmann war in dieser Umbruchszeit bei *BILD* zu Beginn seiner Amtszeit zu heiß auf die 'gute Geschichte' und damit blind, was die Folgen in der derzeitigen Springer-Debatte angeht. Die *Welt* jedoch, die zuvor die Regierung viel heftiger attackiert hatte, ist auf einmal fein heraus.'" [22]

Der letzte Text von Albrecht Weber hilft, Bölls Text nach literaturtheoretischen Aspekten einzuordnen:

„Novellen als poetologisches Problem

Novelle bedeutet zunächst nova res in Diminuitivform, eine kleine Neuigkeit, ein Neuigkeitchen, also etwas Neues, aber begrenzt, eine aufs Ganze des Lebens, der Zeit, der Welt gesehen interessante Episode oder, wie der alte Goethe 1827 zu Eckermann sagte, 'eine ereignete unerhörte Begebenheit', unerhört im Sinne von noch nie gehört. (...)

Unter Novellen beschreiben wir Texte in einem Erzählraum, in dem die Einheit des Geschehens betont wird: die **eine** begrenz-

22 Simon, S. 3

te, aber bedeutende Begebenheit ohne erhebliche Episoden und Nebenhandlungen; Handlungen, in denen sich konzentriert und zugespitzt Schicksal ereignet; Neues, Außerordentliches, Unerhörtes; überraschenden ja wunderbaren Wendungen; relative Kürze durch perspektivischen Weltausschnitt; scheinbar objektive Darstellung bei subjektiver Auswahl und Perspektive; verdeckte Relativität, kenntlich an Rahmen oder distanzierender Ironie; Gesellschaftsbezogenheit; herausgearbeitete Modellhaftigkeit von Situationen und Entscheidungen. **Kriterien**, deren Wirkungen und Zusammenwirken schließlich Dominanten ergeben, die für die Hypothese ‚Novellen' gelten können, sollen nochmals knapp formuliert werden.

1. Novellen stellen Ereignisse als **begrenzte Neuigkeiten** oder begrenzte Ereignisse als Neuigkeiten dar.
2. Als Darstellung begrenzter Ereignisse sind Novellen **handlungsbezogen**, mit Bedingungen und Ziel, Einsatz und Abschluss.
3. In Novellen stellen sich Ereignisse/Vorfälle/Situationen so dar, dass sie **für sich selber** zu sprechen scheinen.
4. Der Umfang fördert eine gewisse **Einheit des Erzählens**.
5. Die knappe (mittlere) Erzählzeit begünstigt **dramatische Strukturen** (Geschlossenheit, Ökonomie der Mittel, Steigerung, Wende, Lösung)
6. Neuigkeiten bedeuten vielfach **Außerordentliches**, Ungewöhnliches, Überraschendes, Unerhörtes, ja **Wunderbares**, das, profiliert herausgearbeitet, oft in einer **Wende** evident erscheint.
7. Begrenzte, abgeschlossene Neuigkeiten bedürfen als Erzählzeit etwa dramenähnlicher, **abendfüllender** Längen.

8. Begrenztheit erfordert straffe **Konstruktion**, sparsamen, zwingenden Einsatz von Situationen, Figuren, Problemen und Stilmitteln.
9. Die Fiktion perspektivischer Weltausschnitte, die für ein Weltganzes stehen sollen, legt distanzierende, **objektivierende** Erzählhaltungen nahe / vielfach Rahmenerzählungen, Glaubhaftmachung durch genaue Orts- und Zeitangaben, Anknüpfung an, Beziehung zu und Auswertung von historischen Ereignissen, Bezeugung durch Augenzeugen, auktorialer Er-Erzähler bzw. Ich-Erzähler.
10. Novellen werden von einer fiktiven Gesellschaft (Leser) aus in eine **Gesellschaft** hineinerzählt (oft fiktive Erzählsituation vor Auditorium oder Publikum, als Ersatz vor einem Zuhörer)
11. Wendepunkte markieren **Entscheidungen**, die als zwischenmensch-liche immer ethischer Natur sind.
12. Die auktorialen oder ichperspektivischen Erzähler schneiden ein bestimmtes Ereignis aus, spitzen es zu, halten es zusammen, indem sie es zu einem **geschlossenen Ganzen** runden. Die Begrenztheit der jeweiligen Neuigkeit widerspräche offenen Erzählformen.

Novellistische Strukturen korrespondieren mit begrenzten gesellschaftlichen Verhältnissen, wie Liebe und Ehe, Familie und Kleinstadt, Landschaft und personenrepräsentierten Gruppensituationen (Schule, Nationen, Kirchen usw.). Sie vermögen kaum kosmische, internationale, ökonomische Probleme und Verflechtungen darzustellen. Solche Strukturen begrenzter Inhalte bzw. konzentrierter Problemlösungen prägen vor allem die deutschen Novellen des Realismus." [23]

---

23 Weber, S. 9 ff.

6. PRÜFUNGSAUFGABEN MIT MUSTERLÖSUNGEN

Unter www.königserläuterungen.de/download finden Sie im Internet zwei weitere Aufgaben mit Musterlösungen.

Die Zahl der Sternchen bezeichnet das Anforderungsniveau der jeweiligen Aufgabe.

Aufgabe 1*

(9. Klasse)
Schildern Sie die Stürmung der Wohnung bis zum Abführen Katharinas (Kapitel 11 bis 14) aus Katharinas Perspektive.

Mögliche Lösung in knapper Fassung:

→ Wahl einer geeigneten Textsorte (z. B. Tagebucheintrag) bzw. Erzählperspektive (Ich-Perspektive, personaler Er-Erzähler)

→ Katharina lehnt an ihrer Küchenanrichte, nur mit einem grünen Bademantel bekleidet, und frühstückt Kaffee und Honigbrot, während die Polizei um 10.30 Uhr die Wohnung stürmt. Katharina ist nicht überrascht, sondern wirkt so, als habe sie die Polizei erwartet. Sie wisse nicht, wann Ludwig die Wohnung verlassen habe, er sei ohne Abschied verschwunden und schon weg gewesen, als sie gegen 9.30 Uhr wach geworden sei. Kommissar Beizmenne fragt sie, ob Götten sie denn gefickt habe?, woraufhin sie errötet, aber stolz verneint, dass sie es nicht so nennen würde. Katharina fühlt sich verletzt von der groben Art des Kommissars. In Gegenwart einer Polizistin zieht sich Katharina im Badezimmer bei geöffneter Tür an – von zwei Beamten bewacht. Ihre Wohnung wird durchsucht, sie darf Gepäck zusammensuchen, bevor sie verhaftet wird. Auf ihre mehrfachen Fragen, was sie denn verbrochen habe, wird ihr schließlich mitgeteilt, dass Götten ein lange gesuchter Bandit sei.

→ Katharina Blums anfängliche Selbstsicherheit weicht zunächst Ärger, schließlich bekommt sie Angst.

Aufgabe 2*

(9./10. Klasse)
Charakterisieren Sie Else Woltersheim!

Mögliche Lösung in knapper Fassung:
Folgende inhaltliche Aspekte sollten in einer angemessenen Darstellung (Präsens) enthalten sein:
Patentante Katharinas

→ war als Ausbilderin in Hauswirtschaftsschule in Kuir tätig, die Katharina Blum besuchte
→ wusste, dass Katharina sich strafbar machte, als sie Götten zur Flucht verhalf, und konfrontiert sie damit
→ ist bei Vernehmung ausgesprochen selbstbewusst, wenn nicht feindselig gegenüber der Polizei; anklagender Redefluss
→ empört sich über die *ZEITUNG* sowie über die Zusammenarbeit von Polizei und Presse
→ kennt Katharina sehr gut, weiß aber nichts von einsamen Autofahrten, weiß auch vom Herrenbesucher, offenbart diesen aber nicht
→ schützt und tröstet Katharina, nimmt sie zunächst zu sich

- → sieht Katharina zum ersten Mal bei Besuch bei der verstorbenen Mutter weinen
- → ist mit Konrad Beiters befreundet, der sie unterstützt
- → Geschehen fördert bei ihr eine zunehmende Verbitterung, die gelegentlich in Aggression umschlägt
- → sympathische, mütterliche Freundin, die Katharina zu schützen versucht, dabei aber an der Mediengesellschaft scheitert

Aufgabe 3**

(Gymnasiale Oberstufe: Erörterndes Erschließen)

Erörtern Sie, ob die Erzählung *Die verlorene Ehre der Katharina Blum* als Novelle einzuordnen ist.

Mögliche Lösung in knapper Fassung:

- → Darstellung der Merkmale einer Novelle („ereignete unerhörte Begebenheit")
- → begrenzte Begebenheit ohne erhebliche Episoden und Nebensächlichkeiten
- → Konzentration, Zuspitzung
- → Neues, Außerordentliches
- → überraschende Wendungen
- → scheinbar objektive Darstellung bei subjektiver Auswahl und Perspektive
- → verdeckte Relativität
- → Gesellschaftsbezogenheit
- → Modellhaftigkeit von Situationen und Entscheidungen
- → geschlossenes Ganzes

Überprüfung der Kriterien in einer Argumentation mit begründetem Urteil:

- viele Kriterien der Novelle sind erfüllt, jedoch gibt es episodenhafte Nebenschauplätze, Konzentration ist nicht immer gewahrt
- verdeckte Relativität ist nicht gegeben, da eindeutig in der Aussage
- Relativierung des Gattungsbegriffs Novelle

Aufgabe 4***

(Gymnasiale Oberstufe)
Analysieren und interpretieren Sie das 3. Kapitel.

Mögliche Lösung in knapper Fassung:

- Knappe Einführung in das Geschehen, vom Beginn, als Katharina Blum zu einer Tanzveranstaltung aufbricht, bis – was den wesentlichen Teil des Textes ausmacht – zu ihrem Tatbekenntnis bei Kommissar Moeding und dessen Folgen
- Einbettung in die Erzählung als zeit- und darstellungsraffende Vorbemerkung
- relativierende man-Erzählperspektive durch genaue Zeit- und Ortsangaben
- jedoch sogleich Bewertung der Tatsachen als „brutal" (S. 9); darauf folgend jedoch abschwächende Attribuierung als „dramatische Entwicklung" (ebd.)
- Flussmetapher (bezogen auf den Erzählfluss sowie wiederum relativierend auf das verflossene Blut), um die Unvermeidlichkeit des Geschehens zu belegen

- → Katharina Blum als „die Reine", die sich selbst stellt, da sie keine Reue empfindet und bei ihrem Geliebten sein möchte. Erzähler relativiert die Bluttat, endet mit scheinbar objektivem „Das sind also die Fakten." (S. 10)
- → Deutung: Schaffung eines Erzählrahmens; Aufbau von Spannung; Positionierung des Erzählers; kritische Haltung zur Gesellschaft, insbesondere zur Polizei

LITERATUR

Zitierte Ausgabe:

Böll, Heinrich: *Die verlorene Ehre der Katharina Blum oder: Wie Gewalt entstehen und wohin sie führen kann. Erzählung. Mit einem Nachwort des Autors: Zehn Jahre später.* München: dtv, ^{47}2010 (dtv 1150).

Gesamtausgabe:

Böll, Heinrich: *Werke*. Hg. v. Bernd Balzer. Romane und Erzählungen 1947 bis 1977. 5 Bde. Köln: Kiepenheuer & Witsch, 1977. Erg. Neuaufl. 1947 bis 1985. 4 Bde. 1987 [*Die verlorene Ehre der Katharina Blum* in Bd. 4].

Lernhilfen und Kommentare für Schüler:

Balzer, Bernd: *Heinrich Böll. Die verlorene Ehre der Katharina Blum*. Frankfurt a. M.: Diesterweg 1990 (Grundlagen und Gedanken zum Verständnis erzählender Literatur). → Im Sinne des Titels der Reihe, in der das Bändchen erschienen ist, keine allumfassende Interpretation, sondern eine auf die Struktur der Erzählung und auf ausgewählte Probleme konzentrierte Darstellung.

Bellmann, Werner; Hummel, Christine: *Heinrich Böll. Die verlorene Ehre der Katharina Blum.* Stuttgart: Philipp Reclam jun. 1999 (Universal-Bibliothek Nr. 16011, aus der Reihe Erläuterungen und Dokumente). → Kommentierte Textsammlung zur Erzählung, im Einzelnen zur Entstehungsgeschichte, zur Rezeption, der Werkdeutung. Ergänzt mit Texterläuterungen zur Erzählung und Texten zur weiteren Diskussion.

Kicherer, Friedhelm: *Heinrich Böll. Die verlorene Ehre der Katharina Blum*. Analysen und Interpretationen mit didaktisch-methodischen Hinweisen zur Unterrichtsgestaltung. Hollfeld: Beyer 1981. → Etwas veraltet wirkende, aber solide untersuchende Arbeit. Im Anhang findet sich eine ausgearbeitete Unterrichtsreihe.

Sowinski, Bernhard: *Heinrich Böll. Die verlorene Ehre der Katharina Blum*. Interpretation. München: R. Oldenbourg 1994 (Oldenbourg Interpretationen 67). → Eine umfangreiche und ausgiebige Untersuchung der Erzählung mit didaktischen Hinweisen.

Sekundärliteratur:

Balzer, Bernd: *Anarchie und Zärtlichkeit*. In: Böll, Heinrich: Werke, Bd. 1, Köln: Kiepenheuer & Witsch 1977.

Beth, Hanno: *Heinrich Böll. Eine Einführung in das Gesamtwerk in Einzelinterpretationen*. Königstein 1980.

Köster, Juliane: *Katharina Blum – die fremde Feindin. Über Identifikation der Erkenntnismittel*. In: Diskussion Deutsch 104 (1988), S. 606 ff.

Nägele, Rainer: *Heinrich Böll. Einführung in das Werk und in die Forschung*. Frankfurt a. M. 1976.

Scheiffele, Eberhard: *Kritische Sprachanalyse in Heinrich Bölls Die verlorene Ehre der Katharina Blum*. In: Basis. Jahrbuch für deutsche Gegenwartsliteratur 9 (1979), S. 169 ff.

Rezensionen:

Jens, Walter: Rezension zu *Die verlorene Ehre der Katharina Blum*. Hessischer Rundfunk. Sendung vom 23. 7. 1974. – Abgedr. in: Heinrich Böll: Die verlorene Ehre der Katharina Blum. Mit Materialien und einem Nachwort des Autors. Köln: Kiepenheuer & Witsch 1984, S. 243–250.

Kaiser, Joachim: *Liebe und Hass der heiligen Katharina. Heinrich Böll: „Wie Gewalt entstehen und wohin sie führen kann"*. In: Süddeutsche Zeitung Nr. 183 (10. 8. 1974), S. 76.

Lattmann, Dieter: *Böll und sein Buch des Anstoßes*. In: Vorwärts Nr. 33. (15. 8. 1974), S.18.

Michaelis, Rolf: *Der gute Mensch von Gemmelsbroich. Nachdenken über die Krankheit unserer Zeit: Gewalt. Heinrich Bölls Erzählung ‚Die verlorene Ehre der Katharina Blum'*. In: Die Zeit, Nr. 32 (2. 8. 1974), S. 18.

Reich-Ranicki, Marcel: *Der deutschen Gegenwart mitten ins Herz*. In: Frankfurter Allgemeine Zeitung Nr. 195 (24. 8. 1974), Literaturbeilage.

Zehm, Günter: *Heinrich der Grätige. Macht Bölls neue Erzählung Stimmung für ein restriktives Pressegesetz?* In: Die Welt Nr. 189 (16. 8. 1974), S. 13.

Sonstige Literatur:

Bienek, Horst: *Gleiwitzer Kindheit. Gedichte aus zwanzig Jahren*. München, Wien: Carl Hanser 1976.

Böll, Heinrich: *Werke Bd. II. Essayisitische Schriften und Reden Bd. 2*. Hg. v. Bernd Balzer, Köln: Kiepenheuer & Witsch, 1978

Böll, Heinrich: *Will Ulrike Meinhof Gnade oder freies Geleit?* In: Der Spiegel 3 (1972), S. 54 ff.

Bräutigam, Kurt (Hg.): *Romanbetrachtung*: Heidelberg 1977.

Bundeszentrale für politische Bildung: *Staatsrecht der Bundesrepublik Deutschland*, Bonn 1997.

Grützbach, Frank (Hg.): *Heinrich Böll: Freies Geleit für Ulrike Meinhof. Ein Artikel und seine Folgen.* Mit Beiträgen von Helmut Gollwitzer. Köln 1972.

Höring, Hubert: *Leserbrief*, abgedruckt in: Der Spiegel Nr. 34 (19. 8. 1974), S. 7.

Kepplinger, Hans Mathias: *Publizistische Konflikte*. In: Wilke, Jürgen (Hg.): Mediengeschichte der Bundesrepublik Deutschland. Bonn: Bundeszentrale für politische Bildung 1999.

***Meyers** Großes Taschenlexikon* in 24 Bd./hg. u. bearb. v. d. Lexikonred. d. Bibliogr. Inst. – Mannheim, Wien, Zürich 1983.

Schlöndorff, Volker im Interview mit Karin Mecklenburg. In: Szene Hamburg Nr. 24 (1975), S. 22.

Schmitz, Stefan; Glees, Florian; Streck, Michael: *Unser täglich Rot*. In: Stern Nr. 50 (2000), S. 28ff.

Simon, Ulrike: *Junge Männer, alte Barrikaden*. In: Der Tagesspiegel (1.2.2001), S. 3.

Weber, Albrecht: *Grundlagen der Literaturdidaktik*. München: Ehrenwirth 1975, S. 9 ff.

Wilpert, Gero von: *Sachwörterbuch der Literatur*, 6. verb. u. erw. Aufl. Stuttgart: Kröner 1979.

[Diverse Verfasser:] ***Heinrich Böll.*** In: Kindlers Neues Literatur Lexikon. Bd. 2. München 1989, S. 844 – 856.

Materialien aus dem Internet:

www.heinrich-boell.de

→ Unter dieser Internet-Adresse gelangt man zur offiziellen Böll-Website. Dort finden sich Angaben zu Werk und Leben, zu Böll-Institutionen und vielem mehr.

Verfilmung:

Die verlorene Ehre der Katharina Blum. BRD 1975.
Regie: Volker Schlöndorff und Margarethe von Trotta.
Drehbuch: Heinrich Böll, V. Schlöndorff und M. von Trotta.

STICHWORTVERZEICHNIS

EIGENE NOTIZEN